The Quest for True Belonging
and the Courage to Stand Alone

BRAVING THE WILDERNESS

归属感

［美］布琳·布朗（BRENÉ BROWN）著
邓樱 译

中信出版集团｜北京

图书在版编目（CIP）数据

归属感 /（美）布琳·布朗著；邓樱译 . -- 北京：中信出版社，2019.9（2019.10 重印）

书名原文：BRAVING THE WILDERNESS

ISBN 978-7-5217-0575-1

Ⅰ . ①归… Ⅱ . ①布… ②邓… Ⅲ . ①心理学 Ⅳ . ① B84

中国版本图书馆 CIP 数据核字（2019）第 091547 号

归属感

著　　者：［美］布琳·布朗
译　　者：邓　樱
出版发行：中信出版集团股份有限公司
（北京市朝阳区惠新东街甲 4 号富盛大厦 2 座　邮编　100029）
承 印 者：北京画中画印刷有限公司

开　　本：880mm × 1230mm　1/32　　印　　张：6.25　　字　　数：100 千字
版　　次：2019 年 9 月第 1 版　　印　　次：2019 年 10 月第 2 次印刷
京权图字：01–2019–2792　　广告经营许可证：京朝工商广字第 8087 号
书　　号：ISBN 978–7–5217–0575–1
定　　价：42.00 元

服务热线：400-600-8099
投稿邮箱：author@citicpub.com

献给我的父亲：

感谢您鼓励我勇于发声，表明立场——即使是在您强烈反对的时候。

目　录

推荐序

入旷野之境[①]

在我五六岁的时候，一个很漂亮的阿姨送了我一辆五颜六色的儿童自行车。那是 20 世纪 90 年代初，我家在一个三线小城市。在那个狭长的、只有几条街的小城市，这辆来自远方的小自行车，在满街的灰色、黑色之中特别耀眼。

每次我推着这辆自行车出门，都会引来很多人注目。路人会停下来跟我说话，小朋友会指着我的车了说："我也要她那辆！"然而奇怪的是，这给我带来了很大的羞耻感。我只推着它出过两次门，然后就把它锁进我们家的阳台上，一直尘封了很多年。取而代之，我固执地央求妈妈把她的

---

① 旷野：引自《圣经》中的概念，意指空旷的地方，未经开垦、难觅人烟、野兽出没处。它广大而可畏、象征着孤单、艰难、匮乏。《圣经》中有许多人物被神引领到旷野之中，接受试炼，从而脱胎换骨。

一辆普通的深蓝色自行车给我。

在之后漫长的一段时间里，我都没有办法向家人解释，为什么我不要那辆漂亮的车子，我也没办法解释我感受到的羞耻感。

直到我长大了，很久以后，有一次跟我的心理分析师谈起这件事，我才意识到，我当时在用力试图抗拒的是这种感受——“我是特别的，我和别人不一样”。

那是一个孤独的位置，让我感到自己不属于任何一个群体。

很荣幸中信出版社让我为这本《归属感》写一篇推荐序。孤独感和归属感是我人生中漫长又艰难的课题。我由于上学早的缘故，一直和比自己大三四岁的同学一起长大。直至大学毕业，开始工作之后，有很多年，我都在努力地寻找内在的归属感：我既不能将自己的身份认同放置在比我年长的同学之中，也无法将自己放置在同龄人之中。在时间这个长轴之上，我看见其他人都在按部就班地往前走，只有我前后踌躇，不知该继续前行，还是停下来回望。

害怕被看见，又渴望被认同。

我花了很多年来应对这种“和别人不同”的感受。直到成年后，学习了心理咨询，我才知道这种恐惧、急迫又无能为力的感受，叫作“孤独”。

布琳·布朗博士在这本书里讲述了她自己对于“孤独”和“归属感”的体验。尽管我的大脑知道每个人的情绪体验大都相似，没有谁会比谁更特别一些，但是，当我看到在TED演讲台上极具魅力的布朗博士，真诚地讲述她年少时面对父母争吵、不断搬家，还有她的姓名带来的种族误解，导致她的内心所经历的孤独感时，我还是被深深地震撼了。

后来，我在工作中逐渐意识到，无论你遭遇的人生事件是什么，是大还是小，你在成长过程中也必然拥有过类似的感受：你害怕被落下，于是你耗费了很多精力，想出各种办法试图融入某个群体。比如，让自己变得更加优秀以获得他人的关注；或者掩饰自己的喜好，去迎合某种身份。有位心理学家曾经说过：“人们大都害怕‘被抛弃’，为了避免这种糟糕的感受，他们会做任何事情。”

然而，正如我们所知，尽管通过牺牲和妥协去适应某个群体，能让你获得短暂的安全感，但时间一长，你的心里似乎总有一个填不满的空洞，让你惴惴不安，时常对自己感到不满。于是，你更加努力地花更多的精力、金钱、时间，让自己迎合更多的标准，以获得更多的认同、归属于更多的群体。

你就像在笼子里跑转轮的小白鼠，一刻也不能停，永远生活在担忧和紧迫感中。

布琳·布朗用了整本书来说明一个重要的课题：如何面对孤独和寻找真正的归属感。她通过翔实的研究和真诚的分享，建构了一套完整的解决方案：我们要向内寻找归属感。

她引用了玛雅·安吉罗的话："只有当你领悟到自己不属于任何地方时，你才是真正自由的——你属于所有的地方，而不是某个地方。到达这个境界的代价很高，但收获巨大。"

布琳·布朗把忠于自我这件事形容为"勇闯旷野之境"。她说，真正的归属感不是被动的，不是加入某个群体获得的那种归属感，也不是委屈自己、掩饰真实的自己去适应某一个群体——虽然这样做的确能带来一些安全感。"真正的归属感要求我们可以是脆弱的、感到不舒适的，还能让我们在与人相处时不用牺牲自我、虚与委蛇。我们需要真正的归属感，但明知困难重重，还毅然前行。这需要巨大的勇气。"

她说："真正的归属感不是你跟外界讨价还价得来的，它是你内心深处具有的。"所幸的是，布琳·布朗不仅用抽象的语言描述了她的体验，还用她所主持的研究，以及很多人对于孤独和归属感的描述，给了我们一个质性又坚实的理论框架。更可贵的是，她还给了我们一套执行方法。

布琳·布朗在书中分享了自己一次失败的经历——在梦寐以求的啦啦队落选之后，她无比失落地回到了父母的车里。然而，父母什么也没有说，没有安慰，也没有批评。她在沉默中体验到失去家庭归属感的感受。她说："有时候，对孩子而言，最危险的事莫过于沉默，任由孩子自行建构故事——在这些故事里，他们的角色几乎无一不是孤立无助的，觉得自己不配拥有爱和归属感。"

如果我能回到小的时候，或是更年轻的时候，我会为年少的我重新建构那个关于自行车的故事，也会重新建构关于自己和别人不同的故事。我会像布琳·布朗在书中分享的方法那样做，给自己写一张回执单："我同意你和别人不一样。如同这世上的每一个人，你值得拥有这世界上珍贵的人和事物。这就是你。"

希望你也能够从这本细致又精妙的书中，看见自己，获得疗愈。

祝你阅读愉快。

简里里

简单心理创始人、CEO

第一章

我属于我自己

刚开始写作的时候，我时常感觉自己被恐惧所笼罩，特别是当我意识到我的研究发现可能会对某些根深蒂固的观念或想法提出质疑时，这种感觉尤为强烈。一旦这种情形出现，我马上就会在心里想："我是谁呀？我说别人的看法有问题，这真的会让人家很恼火的！"

这种时刻，我的内心是脆弱的——各种不确定，各种不靠谱，各种动摇。于是，我尝试从那些勇敢的革新者和颠覆者那里寻求力量，希望他们的勇气能够感染我。我去读、去看所有能找到的他们发表的或者是关于他们的东西——采访、文章、讲课、书籍。如此一来，在我有需要的时候，在我身陷恐惧的时候，他们就会来到我身边，给我鼓劲加油。最重要的是，我知道他们会时刻盯着我，不容我有一丝一毫的胡言乱语。

我花了很长时间才逐步养成这样的思考方式。若干年前，我采用的是完全不同的做法——我的脑子里塞满了各种吹毛求疵的和唱反调的人。我会坐在桌子前，想象我最不喜欢的教授、最苛刻且最爱冷嘲热讽的同事和最无情的网络评论家的反应。我琢磨，如果我能让他们满意，至少让他们不对我评头论足，我就可以过关了。这样的想法对一位研究人员或社会科学家来说，后果是极其糟糕的：我的研究发现被巧妙地包装进现有的世界观；我的研究发现小心翼翼地点到为止，不会锋芒毕露让人感觉不快；我的研究发现经过过滤处理后，令人觉得安全、舒服。但是，这些研究发现统统都不真实，只是致敬现有的观点而已。

我决定必须把脑子里那些爱唱反调的人和恐惧传播者赶走，取而代之的是那些用勇气和创造力塑造世界的人，还有那些敢于激怒众生、让人不爽的人，即使他们只是偶尔为之。这是一群多样化的人员组合。当我纠结不知该如何描述我研究中出现的奇怪、陌生的有关想法的新世界时，我想到了 J. K. 罗琳（《哈利·波特》系列书籍的作者）。我想象她告诉我："新世界很重要，但你无法描述它。你要给我们讲讲形成新世界的背后的那些故事，无论这个新世界有多么怪异、荒诞，我们都会在这些故事里看到自己。"

当关于种族、性别、阶级的讨论陷入胶着，进展不下去时，贝尔·胡克斯（Bell Hooks，作家、活动家）就会来到我面前。她教导我，教学是一种神圣的行为，而学习过程中的困苦、不适也是有意义的。还有艾德·卡姆尔（Ed Catmull，皮克斯动画工作室联合创始人）、珊达·莱梅斯（Shonda Rhimes，美国著名编剧）、肯·伯恩斯（Ken Burns，美国著名导演），他们都是我的精神支柱。在我讲故事的时候，他们就在我耳边低语；当我不够耐心，试图省掉那些能够赋予故事更多意义的细节和对话时，他们会轻声提醒我。他们坚持道："让我们跟你一起进入你的故事！"还有无数的音乐家、艺术家，包括奥普拉·温弗瑞（美国著名主持人）。她的话就钉在我书房的墙上："不要以为你可以勇敢直面你的生活和工作，而且从不会令任何人失望——事实绝非如此。"

我追随时日最久，最坚定信奉的导师是玛雅·安吉罗（Maya Angelou）。32 年前，我在大学学习诗歌期间开始接触她的著作。当我读到她的诗歌《我仍将奋起》的那一刻，我感觉一切都为我改变了。她的诗蕴含了如此强大的力量，又如此之美。我收藏了所有能找到的安吉罗的书、诗歌以及采访，她的文字给我教诲，激励着我，也治愈了我。她充满喜乐又毫无保留。

然而，玛雅·安吉罗说过的一段话曾经让我深深不以为然。这是一段关于归属感的话，也是我在休斯敦大学教授种族和阶级课程时偶然看到的。1973 年，公共电视台播出了她与比尔·莫耶斯（Bill Moyers，美国著名编剧、制作人）的访谈，在访谈中，安吉罗博士说：

只有当你领悟到你不归属于任何地方的时候，你才是真正自由的——你属于所有的地方，而不是某个地方。（它的）代价很高，但收获巨大。

我清楚地记得当时我看到这段话后的反应：“怎么可能！如果人们无所归附，这世界会是什么样子？一群孤独的人相依为命？”我认为她不懂什么是归属的力量。

二十多年来，每当这段话在我的脑海中冒出来，我都会感到一阵阵恼火。她为什么这么说？这明显不对呀！归属感是至关重要的。我们肯定属于某些事、某些人、某些地方。很快，我就意识到我的愤怒源自两处：其一，安吉罗博士对我意义非凡，而我们俩居然在如此基本的原则上看法不一，这个现实让我难以接受；其二，渴望融入却不被容纳的痛楚一直贯穿着我的生活。我接受不了“自由即无所归附”这个说法——那种自己从不真正属于任何地方的感觉是我最深的痛，贯穿在我成年之前的生命里。

这绝对不是我心目中的自由！

归属感缺乏的经历伴随着我成长的不同阶段，而且很早就开始了。我在位于新奥尔良西岸的保罗哈班斯小学读的幼儿园和学前班。那是1969年，当时的保罗哈班斯很美，现在依然很美，但是种族歧视的氛围令人窒息。在我上小学的那年，学校才开始正式废除种族隔离。我那时候还小，不明白到底发生了什么，但是我知道我的妈妈敢于直言，她坚决反对种族歧视。她在很多场合公开表态，甚至还写信给《皮卡尤恩时报》，质疑我们今天称之为“种族特征定性”这一说法的合法性。我能感受到她浑身散发的正能量，但是对我而言，她仍是那个在我的年级教室里担任志愿者的女性，那个给我、她自己，还有我的芭比娃娃做黄格子连衣裙的妈妈。

后来，我们从新奥尔良搬去得克萨斯，这对我来说很难——我特别想我的祖母，同时我也迫切渴望在学校和我们住的公寓楼里交到新朋友。但是，事情很快变得复杂起来，班级名单决定了所有的事情——从考勤记录到生日会邀请。有一天，我妈妈的家长会同伴拿着班级名单对她说：“瞧瞧这些黑人孩子，看看他们的名字，他们全都叫卡桑德拉（Casandra）！”

噢，原来如此，或许这就是为什么很多白皮肤朋友的聚会都没有邀请我的原因了，我妈妈想。我妈妈用的是她的中间名，她的名字正是“卡桑德拉”。所以，我在班级名单上的全名是“卡桑德拉·布琳·布朗”。如果你是非裔美国人，看到这里，你就会明白为什么白人家庭都不邀请我了。同样，在学期结束的时候，一群非裔美国研究生递给我一张卡片，上面写着："好吧，你真的是布琳·布朗！"她们选修了我关于妇女问题的课程，第一天上课，当我走进教室，站到讲台跟前时，他们几乎惊讶得从椅子上滑下来。一个学生说："你不是卡桑德拉·布琳·布朗吧？"好吧，我就是！还是因为同样的原因，我去圣安东尼奥的一家诊所前台应聘兼职时，面试我的女士看到我走进房间，忍不住说："你居然是布琳·布朗！真是惊喜！"然后，我压根儿就没坐下来谈，直接出来了。

那些黑皮肤朋友的家人对我是热情友好的，但当我走进他们家时，他们的惊讶之色也是显而易见的。我的一位朋友说，我是第一个进到她们家里的白人。作为一个四岁的孩子，我一边跟朋友们玩着给驴子绑尾巴的游戏，一起吃着蛋糕，一边听着这些话——这一切让我很困惑。幼儿园时期的归属感问题理应是很简单的，而我已然开始纠结，"为什么我不属于任何一个群体？"

第二年，我们搬到了花园区，这样我爸爸能离洛约拉近一些，我也转去了耶稣圣名学校上学。我是一个圣公会教徒，在学校，我是学生中唯一的非天主教徒。我的宗教信仰让我觉得自己跟其他人格格不入，这又是一个分裂自我和归属感的问题。就这样，我过了一两年袖手旁观、被叫出列、被排除在外的日子，然后我被带到了学校办公室。在那里，我发现“上帝”正在等我——至少我当时认为他就是上帝。事实上，这个人是位主教，他递给我一份油印的尼西亚信经，然后我们逐行逐句地读了一遍。读完后，他交给我一张字条让我带回家交给父母，上面写着：“布琳现在是天主教徒。”

随后的几年，我在新奥尔良的新生活开始步入愉快的轨道，日子过得相对不错，最主要的原因是我找到了一生的好友埃莉诺。可是，紧接着又是一系列变动。四年级的时候，我和家人离开新奥尔良，搬去了休斯敦；六年级的时候，我们又从休斯敦搬到了华盛顿特区；八年级的时候，我们又搬回了休斯敦。整个中学时期，动荡的生活成了常态，而这些动荡又因为没完没了的“女孩成长问题”被放大。唯一令我欣慰的是，虽然我的生活一直在变动，但我父母那时候的感情还很好。也就是说，尽管那些年我一直搬来搬去，学校、朋友、身边的人也像走马灯似的不停在换，但我的家仍是安全的港湾。稳定的家就像避难所一样，让我淡忘了缺乏归属感的痛苦。即使外界的一切都出了问题，我还有家，我的家人和我在一起。

但好景不长，我们最后搬回到休斯敦的时候，我父母的婚姻开始出问题了。经过漫长、痛苦的挣扎，他们最终还是分开了。于是，我的世界开始崩塌。不仅如此，紧随着这一片混乱的还有“贝尔卡德茨”啦啦队。

我是在八年级快结束的时候搬回休斯敦的，谢天谢地，当时我正好赶上学校啦啦队的选拔，啦啦队的名字就叫“贝尔卡德茨”。那时，我家里充满了父母压抑的争吵声，即使是隔着卧室的墙我也能听到，是啦啦队拯救了我，并成为我的一切。想象一下，一排排女孩子，穿着缀着白色流苏的蓝缎背心和短裙，戴着清一色的假发，脚蹬白色牛仔靴，头戴白色小牛仔帽，抹着艳红的唇膏，昂首挺胸、呼啦啦地跑进场地。学校的橄榄球馆里人声鼎沸，中场休息时，大家不敢离开座位半步，唯恐错过了啦啦队的高踢腿和完美编排的舞蹈表演。这就是我的情绪出口——一个新的、绝佳的、完美有序的避难所。

8 年的芭蕾舞训练足以让我轻松学会啦啦队的舞蹈动作，两周的流质饮食也让我顺利通过了严苛的体重选拔。当时，啦啦队的女孩子每天只食用菜汤和水，今天的我难以想象怎样让 12 岁的孩子坚持流质饮食，但这样的做法一直被视为正常。

时至今日，我仍然说不准在我的人生中还有什么比加入啦啦队更令我向往的事了。它的完美、精准以及曼妙不仅能减弱家人带给我的混乱不安，还能帮我找到归属感。如果加入了啦啦队，我就能有一个“大姐姐”，她会帮我装饰衣柜，我们可以到对方家里过夜，我还能跟橄榄球队员约会。对一个看了 4 遍电影《油脂》（1978 年美国的一部电影，又名《火爆浪子》）的孩子而言，我知道这是一段高中体验的开始，它意味着即兴的齐声歌唱，还有 20 世纪 80 年代风格的短袜舞会。

最重要的是，我将成为一个行动一致的集体的一分子——贝尔卡德茨啦啦队就是我内心归属感的化身。

我那时候没有什么朋友，所以我是自己去参加选拔的。编舞很容易——爵士舞，其配乐是大型乐队版本的《斯力尼》（就是那首“我多么爱你，我多么爱你”）。这段舞里有很多灵动爵士系的手势和滑步动作，还有一整段的高踢腿。我比其他女孩踢得都高，除了李安妮之外。我练习了很久，睡着了我也能做这个动作。直到今天，我还能记得部分动作。

啦啦队选拔那天挺恐怖的，也许是因为我太紧张，也许是因为节食，早上起床后我感觉有点儿头晕，妈妈开车把我送到学校门口，下车后我还是感觉晕乎乎的。如今，作为一个10岁孩子和一个12岁孩子的妈妈，我有点儿难以想象自己当时是如何独自走进去的。周围的女孩子都是成群结队地从车里出来，又手拉着手跑进考场。很快，我意识到还有一个比独自走进学校去更严重的问题。

所有的女孩子（我是说所有人）都从头到脚地装扮起来。有的人穿着蓝色绸缎短裤和金色衬衣，有的人穿的是蓝色或金色紧身背心，下身是白色小短裙，还有你能想到的各种蓝色和金色的蝴蝶结。而且，所有人都化了妆。我没有化妆，我穿了一件灰色棉短裤，上面是黑色紧身衣。没有人告诉我要用学校的专色装扮自己。大家看上去都是那么耀眼夺目，唯独我是那个父母经常吵架的可怜小女孩。

称量体重那关，我比要求的体重轻了6磅（1磅=0.454千克）。即便如此，看到有些女孩子从体重秤上下来后哭着跑进更衣室的场景，我还是被吓着了。

女孩们的上衣上用安全别针别着每个人的编号，5个人或者6个人一组表演动作。尽管头晕，我还是完成了所有的编舞动作。妈妈来接我的时候，我就相当自信地回家等结果了。选拔的结果会在当天晚上张贴出来，揭晓前的那几个小时简直就是度日如年啊！

终于，傍晚 6 点零 5 分，我们开车到了我即将就读的高中的停车场。全家人——妈妈、爸爸、我的弟弟和妹妹们——都在车里等我，我自己下车去看结果，然后我们要去圣安东尼奥看望祖父母。我走到体育馆门外挂着的布告板前。站我旁边的女孩在选拔时跟我在同一组，她是所有女孩子里面最漂亮、最耀眼的，而且她的名字叫克里斯（Chris）——是的，她有一个人人都梦寐以求的中性的名字。

啦啦队的名单是按人员编号排列的，如果你的编号在名单上，就代表你被选中了；如果没有你的编号，就说明你落选了。我的编号是 62。我直接从 60 开始搜索：59、61、64、65，没有 62。我又找了一遍。我简直无法相信自己的眼睛。我想，如果我使劲盯着名单看，让上帝知道我有多迫切，或许我的编号就会奇迹般地出现了。我还在脑海里试图跟上帝接洽呢，克里斯的尖叫声就把我拉回到了现实。她又是蹦又是跳，我还没明白过来到底发生了什么，她爸爸就从车里跳了出来，跑向她，抓住她，拉着她转圈，就像电影里一样。后来，我从小道消息打听到了我落选的原因：评委会认为我跳得不错，基本功扎实，但是不符合啦啦队的风格——我没有戴蝴蝶结，看上去不耀眼，没有圈子，也没有朋友，估计跟大家合不到一块儿。

我就是一个没人搭理的孤家寡人，这感觉令我很崩溃。

我走回到车里，坐到了后座，爸爸发动了车子。我父母没有说一个字，真的是一个字都没说。沉默就像一把尖刀刺入我的心脏——我让他们觉得丢脸了，他们替我感到羞愧。我爸爸曾是橄榄球队队长，我妈妈曾是学校啦啦队的队长，而我什么都不是。我的父母，尤其是我爸爸，他把“酷”和“合群”看得比什么都重；而我，既不酷也跟其他人格格不入。

那一刻，我第一次感受到，我再也不属于我的家庭了。

如果把我的啦啦队故事放在当今万千世界发生的种种事情里面，它很容易被视作是无足轻重的（我已经可以看到“第一世界问题”这样的标签了）。但是，我想告诉你，这件事对我来说意义重大。我不知道是否真是这样，或者是我在父母的沉默中讲给自己听的，那一天标志着我不再属于我的家庭——我们所有社会关系中最主要且最重要的关系。假如我的父母没有沉默，而是不断安慰我，对我说“参加选拔就很勇敢了”，甚至用更温暖的话语来劝慰我——要知道，那一刻我真正希望的是我父母能站在我这一边，跟我说：“这算什么选拔，简直太糟糕了！你完全够格应该被选上的！”如果他们这样做了，那么这件事就不会改变我的人生轨迹了。事实上，这件事对我的人生产生了巨大的影响。

*

把这个故事讲出来远比我想象的艰难。我记不清啦啦队选拔时放的是什么舞蹈音乐了，所以不得不到 iTunes 网站上去搜。当音乐前奏响起时，我忍不住哭了出来。我哭，不是因为没人选啦啦队，而是为当时那个无人安慰的小女孩而哭泣——她不明白到底发生了什么。我也为我的父母而哭泣——他们不懂得该如何开口安慰自己的孩子，他们完全不知道应该做点儿什么，而是任由我脑子里滋生出“我跟他们没有关系，我不属于这个家庭”的念头。那些瞬间的感受，如果当时没能说出来，或问题没能得到解决，势必会让我们成年后疯狂地寻找归属感，努力适应与人相处。幸运的是，我的父母并没有认为孩子成年离家了，他们的养育任务就结束了。后来，我们一家人又一起学习勇气、脆弱以及归属感，真是万幸！

“我不属于我的家庭”这种感受（或者说缺乏家庭归属感）即便是与贫穷、暴力、侵犯人权那些苦难相比，仍然是对人类最具有危险性的伤害之一。这是因为它的能量足以伤透我们的心，摧垮我们的精神，撕裂我们的自我价值。于我而言，我的心、精神和自我价值都被摧垮了。如果这三个要素不复完整，就会产生三个后果，我已在生活和工作中亲身见证了：

- 你长期经受着痛苦的煎熬，对得到安慰的需求要么越来越麻木，要么会转而伤害他人。
- 你拒绝承认自己的痛苦，这种逃避实际上会把你的痛苦传导给你身边的人、你的孩子或其他人。
- 你有勇气直面痛苦，并对自己和他人建立起一定程度的同理心和同情心，这能使你以独特的方式洞悉世间的所有伤害。

前两种情况我毫无疑问都经历过了，凭着上天的恩典，我有幸找到了通往第三种结果的路径。

在啦啦队噩梦之后，我父母的争吵恶化了，他们经常是毫无顾忌地争吵，而且根本不会想到用其他方式解决矛盾和冲突。我心里想，我的父母是世界上唯一挣扎着维持婚姻的夫妻，这种感受令我无比羞耻。我弟弟和妹妹的朋友来我家玩时，称呼我父母为“B 先生和 B 太太”，这听起来感觉酷酷的，好像他们俩很棒的样子。但我知道父母私底下的争吵，我觉得自己跟那些孩子不一样，他们的父母都跟电视里的父母一样亲密融洽。这个想法带给我新的羞耻感，跟之前的羞耻感叠加在了一起。

当然，经验决定视角。我当时还没有经验把身边发生的事情放到大背景下进行分析，而我的父母只知道尽力不给我们造成灾难性的伤害，我不觉得他们想到要与我们分享他们的想法和感受。所以，尽管那时我所在高中的学生自杀率在全美数一数二，我依然坚定地认为我是镇上甚至是全世界唯一一个经历了这种狗血闹剧的孩子。直到多年以后，世界变化了，更多人开始谈论自己所经历的种种挣扎，我才意识到有多少看似完美的父母最终以离婚收场、困顿而终，或得老天垂怜，得以破镜重圆。

有时候，对孩子而言，最危险的事莫过于沉默，任由孩子自行建构故事——在这些故事里，他们的角色几乎无一不是孤立无助的，觉得自己不配拥有爱和归属感。这就是我当时的解读。所以，我没有在中场休息时表演高踢腿，我成了在懒人充气沙发里藏大麻、跟着野孩子们四处疯跑的女孩。我尽可能地用各种方式找寻我的同类，我再也没有尝试过任何一项挑战，取而代之的是，我变得很合群，只要感到我是被需要的、我跟某件事能关联上，我就会竭尽所能融入其中。

在我父母没完没了、激烈地争吵时，我的弟弟和两个妹妹常常会到我房间里来等待争吵停止。作为长女，我开始运用我新学的“相处超能力”来辨别是什么原因导致了争吵，然后就煞费苦心地策划“干预行动”，让情况变好。我认为自己可以成为弟弟妹妹甚至是整个家庭的拯救者。如果干预行动见效，我就会觉得自己是个英雄；如果失败，我就会责备自己，并加倍努力，挖掘更多信息。

回首过往，我意识到我的事业恐怕应该“归功”于缺乏归属感——首先是孩童时期，然后是青少年时代，我在研究的同时也找到了应对归属感缺乏的主要方法。同时，我在探寻行为模式和联结关系。如果我能识别人们的行为模式，并能把他们的行为模式与其感受和决策联系起来，我就找到了我的解决办法。我运用我的模式识别技能去揣测人们想要什么、在想什么或者在做什么。我学会了如何说正确的话，或者以正确的方式出现。我成了一名“融入专家”、一条“变色龙”，一个我自己都感觉越来越陌生的孤独的人。

久而久之，我认为自己更了解身边的许多人。但是在这个过程中，我迷失了方向。在我21岁那年，我考上了大学，后来又辍学了。经历了父母的离婚，我在欧洲靠搭便车晃荡了6个月，试过各种除了硬毒品之外的自我毁灭的愚蠢行径。但是，后来我感到厌倦了，筋疲力尽。安·拉莫特曾引用她的一位头脑清醒的朋友的观察，完美总结了这种逃避行为：“最后，堕落的速度越来越快，快过标准降低的速度，直至标准低到不能再低。”

1987年，我遇到了斯蒂夫。说不出什么原因，我感觉跟他在一起的时候我更像真实的自己。除了我的挚友埃莉诺，我跟其他人在一起时都没有这种感觉。斯蒂夫看到了我，当时他正好赶上了我在自我毁灭时期的末段。他发现了真正的我，他真心喜欢我。他跟我一样经历了类似的家庭创伤，所以他看到了我的伤痛，我们彼此敞开心扉，第一次向对方说出了自己的经历。有时候，我们能在电话里聊10个小时。我们聊每一次我们目睹的父母的争吵、与之斗争多年的孤独感以及缺乏归属感带给我们的不能承受之痛。

我们俩刚开始只是朋友，之后发展为互相迷恋，再后来就恋爱了。你千万不要低估被看到和被懂得的力量——当有人真正懂你、爱你的时候，你就不会再坚持与自己作对了。有时候，我感觉他的爱就像天赐的礼物；有时候，我又不喜欢他的这种热情。但是，当我在浮光掠影中瞥见真实的自己，我的内心充满了伤感与渴望。我为那个无所归附的女孩而伤感，我渴望破解“我是谁、我喜欢什么、我信奉什么、我想去往何处”这些谜题。斯蒂夫一点儿没有被我的“灵魂探索”吓住，他欣赏我的自我反思，他支持我。

所以，安吉罗博士所谓的“不归属于任何地方”怎么可能是件好事？我还是不能理解她所说的话。

跟斯蒂夫相识 7 年后，我们结婚了。他从医学院毕业，做了一名实习医生；我从大学毕业，去了研究生院。1996 年，在完成硕士学业之后，我决定正式遵从严谨的生活方式，戒烟戒酒。有意思的是，我的第一位嗜酒互诫会导师对我说：“我觉得你不应该是嗜酒互诫会的，你应该试试依赖症互助会。”之后，依赖症互助会的导师又让我回嗜酒互诫会，或者试试暴食互诫会，理由是：“你不太像我们这边的会员”。你能相信吗？连嗜酒互诫会都不要我，这算什么事？

最后，一位新导师告诉我，我的上瘾行为属于小吃拼盘型的：只要能减轻脆弱感，基本上任何方法我都会去尝试。她建议我找一个依赖症互助会谈谈——无所谓哪个组，只要能让我不再喝酒、抽烟、焦虑、暴饮暴食就可以。好吧，我明白了！

我和斯蒂夫结婚的头几年，日子过得有点儿苦——我们一文不名，还被住院实习和研究生院的工作折磨得精神恍惚。我永远不会忘记我曾对学校的一个治疗师说："我觉得这样的苦日子似乎漫漫无边。"你猜她怎么回答？她说："或许并非如此，你的丈夫爱你远胜过你爱自己。"

我从20出头开始就练就了专业的团队融入能力，之后到我找到真正的归属感，这个过程用了几十年时间。步入30岁之后，我以一种自我毁灭的方法替换了之前的方法：我决定不再做一个完美主义者。但我仍然纠结是否要置身事外，做一名局外人（包括在工作中）。不过有件事确实改变了，就是那种我没有在啦啦队的布告板上看到自己的编号之后的反应。我不再默默承受羞耻心的煎熬，我开始敢于说出内心的恐惧和受到的伤害，我开始质疑什么对我是重要的以及为什么。因循守旧地度过一生是我想要的吗？

答案是否定的。当我被告知不能做定性研究论文时，我写出了论文；当他们试图说服我不要研究“羞耻”这个课题时，我依然去研究了；当他们说我当不了教授也写不出读者喜爱的书时，我不仅当上了教授，还写出了畅销书。

我并不是从一个极端——仅看到融入群体的价值，就跑到了另一个极端——仅看到卓尔不群、目空一切、别出心裁的价值。它们是一枚硬币的两面。实际上，我依然渴望归属感，职业之外的决定几近把我置于无休止的焦虑和无力感之中。这一切并不理想，但是一路走来，我知道吸收他人意见并达到他人对我的期望是要付出巨大代价的——很可能是我的健康、我的婚姻或是我内心的平静。在付出以上任何一项代价之前，我会继续在职业之外尝试，如同我渴望归属感一样。

2013 年，一连串小奇迹发生了，我的人生来到了最重要的一个时刻。著名主持人奥普拉·温弗瑞邀请我作为嘉宾参加她的“超级星期天”节目——这也是我最喜欢的节目之一。

上节目的头一天晚上，我和一位制片人以及我的经纪人默多克一起外出吃饭。默多克是个苏格兰人，他住在西村，所以可以像我一样自如地用南方口音说“你们”。吃完饭，默多克和我走路回酒店，在街道拐角处，他叫住了我："布琳，你在哪儿？"

我自作聪明地回答他："在密歇根（大街）和芝加哥的拐角呢！"话说得虽然俏皮，但我知道自己此刻脆弱得不堪一击。默多克告诉我，整个晚餐过程中我是多么的"心不在焉"——我看上去礼貌友好，但是魂不守舍。我马上就明白了，我对他坦白说："当我感觉恐惧的时候就会这样，我灵魂出窍，像个局外人一样作壁上观，完全无法投入其中。"

默多克点头说道："我理解。但是你不能再这样了，你必须找回状态。做这个节目很重要，我不想看到你错失良机。不要瞎想，一定要融入其中！"

第二天早晨，我正在梳妆打扮，准备赶赴与奥普拉的第一次会面。这时我女儿发来了一条信息，她想确认我是否已经签了学校的户外活动许可回执。我告诉她，我已经同意并回复学校了。然后，我坐在床边，强忍住眼泪。我开始想："我需要一张许可回执让我停止紧张和恐惧，我需要允许自己今天玩得开心、乐在其中。"这个主意不错。我环视了一圈房间，确保没人在看我做这件令人难以置信的荒唐事，我走到书桌前坐下，从电脑包里拿出便利贴，给自己写了张许可回执："同意你今天过得更兴奋、更有趣，祝玩得开心！"

这是我写给自己的第一张许可回执，之后我又陆续给自己写了数百张许可回执。我现在仍然在使用这个方法，而且只要有人愿意给我 5 分钟时间，我就会传授给他们这种意向设定法的神奇力量。这个方法绝对有效。但是，就像你给孩子签了许可回执，他们得到了许可，可以去动物园了，但他们还是要自己登上大巴车才能去。所以，设定意向后，我还要坚持执行。那天，我就自己登上了"大巴车"。

虽然我当时没有意识到，但事后回首，我察觉到那些许可回执实际上是一种"我属于我自己，而非他人"的尝试。

奥普拉和我的第一次交谈是在镜头前，我们很快进入了状态，并且笑得很开怀。奥普拉和我想象中的一模一样，强势又和善，温柔又坚定。一个小时的访谈飞一般地过去了，节目快结束时，她扭过头来对我说："我们应该再录一个小时，再来一集。"我有点儿紧张地看了下周围，好像考虑这个问题会给我们带来麻烦一样。

"真的吗？"我问她，"您确定？"

奥普拉笑答："当然，我们还有好多话题可以聊。"

我斜瞥了一眼演播室的黑暗处——我猜想那边是控制室之类的地方，说道："您觉得我们要请示一下吗？"

奥普拉又笑了："你觉得我们需要谁来批准呢？"她并不是傲慢地说出这话，我想她可能觉得我的问题比较有趣。

"是啊！真不好意思。当然，我们再录一集。是的，我很乐意！但我是不是应该换身衣服？真糟糕，我只有身上穿的上衣、牛仔裤和牛仔靴。"

"靴子和牛仔裤挺好的，我可以借件上衣给你。"

然后她走开去换服装，没走几步，她又回来问我："玛雅·安吉罗也在，你要去见见她吗？"

一阵眩晕感袭来，时间慢了下来。太难以置信了！这是真的吗？我是不是已经死了？

"嗨！布琳，你想去见见玛雅博士吗？"我觉得我快要崩溃了。这时奥普拉又问了一遍："你有兴趣吗？"

我从椅子里跳了起来："当然！我的天啊！我当然想去！"

奥普拉牵着我的手，我们从准备录制节目的屋子走到大厅另一头的一间休息室。走进屋子，我一眼就看到安吉罗博士坐的地方面前有个电视屏幕，屏幕上的画面是两把空椅子，就是奥普拉和我刚才坐的椅子。

玛雅·安吉罗注视着我说："你好，布朗博士，我一直在看着你呢！"

我走上前去，握住了她向我伸过来的手，对她说："见到您，我感到无比荣幸。您对我意义重大，您是我生命中非常重要的一个人。"

她握住我的手，并将另一只手放在我的手上面，说："你的工作很重要，一定要坚持下去，告诉人们你所做的工作。别停，也不要让任何人挡住你前进的步伐！"

我告诉她，有时候，我在给学生上课时会关掉灯，用老式卡带放给学生们听她诵读的诗《我们的祖母们》。我还会反复播放那一句"我不会动摇……"。

她用力握紧我的手，望着我的眼睛，声音缓慢而深沉地吟诵道："如树木屹立河边，我不会动摇。"然后她又握紧我的手，对我说："不要动摇，布琳。"

那场景仿佛是她帮我把我一生所需的勇气聚集起来，然后交到我手中。很多时候，你意识不到你正处于一个决定未来人生的重要时刻。但是，当时我知道自己正在经历那个重要时刻。如果你大半辈子都是努力朝着融入这个方向前行的，然后突然有一天玛雅·安吉罗对着你吟诵，告诉你不要动摇，你会怎么做？你会学习站稳了，像树一样扎根在土壤中。你可以弯曲、伸展、成长，但是你承诺不会动摇。至少，你会努力这么做。

那个神奇的时刻之后，又过了6个月，我坐在了芝加哥的另一间休息室里。这一次，我将在一个全球最大的领导力活动上发言。根据活动组织方的强烈建议，我穿着“商业正装”出席。看着身上的的黑色长裤和高跟鞋，我感觉自己看上去像个“冒牌货”，或是赶去参加葬礼的人。

我和另一位发言人坐在一起（她是一位女士，后来我们成了好朋友），她问我感觉如何，我坦白说自己有点儿如坐针毡，浑身不自在，有一种挥之不去的像在参加化妆舞会的感觉。她说我看上去“很棒”，但她的表情其实表达的是：“我懂，这不容易，但我们又能怎样呢？”

我猛然起身，从墙边一排演讲者的行李箱里拎起我的箱子，走向了更衣室。几分钟后，我穿着海军蓝衬衫、深色牛仔裤和木底鞋出来了。那位女士微笑着看着我，说：“很漂亮！你真勇敢！”

我哈哈大笑，搞不清楚她是真这么认为，还是言不由衷。我说：“我谈不上勇敢，就是觉得有必要这样做。如果我感觉自己不真实、不勇敢，我就无法上台去讨论真实和勇气。我做不到。我不是来用商业头脑与他们的商业头脑对话的，我是要用我的心和他们的心交流。这就是我。”这是我走向自我归属的重要的又一步。

几个星期后，我又和商业世界发生冲突了。在一摞演讲活动的资料中，我看到了一封来自一位活动组织者的信：“去年，我们在一个大会上听到了您的演讲，我们期望您能出席我们的领导力活动并发表演讲。当时您讲到了解自己核心价值的重要性，我们很喜欢这个话题。然而，您提到‘信念’是您的两条核心价值观之一。鉴于当下的商业环境，我们建议您的发言不要涉及‘信念’。您的另一条价值观——‘勇气’很适合，请问您能围绕‘勇气’这个主题发言吗？不胜感激！”

那一瞬间，我感到胸闷气短，脸上发热。就在那一年的早些时间，也发生过一件类似的事情，走的是另一个极端。有一位活动组织者对我说，虽然他“欣赏我直截了当、平易近人的讲述方式”，但他希望我不要说粗话，因为会有失去部分“忠实听众”的风险。这些听众可能会对我示以“礼节性的宽容”，但实际上他们会感到被冒犯了。

这纯粹是胡扯！我不接受，我宁愿再也不发表演讲了！我受够了！

在我的职业生涯里，我经常坐在人们对面，倾听他们讲述自己人生中最艰难、最痛苦的时刻。15 年的从业经历让我可以有把握地说，与痛苦和勇气有关的故事往往都包含两件事：祈祷和诅咒。有时候，这两件事是同时存在的。

我穿上球鞋，走出房门，一边在附近走着，一边想该怎么回复。当我转到我家门前的最后一个拐角时，我想好了要如何回复这个请求，以及类似的其他请求：“如果你们认为我会粉饰事实，或者美化客户的真实经历，那么你们就错了。我不会像乔·佩西在《好家伙》里那样脏话连篇，但是，如果你们不能接受我说‘不爽’或‘胡扯’，或者你们想让我假装说信念对我不重要，那么对不起，我不是你们要找的人！世上有许许多多优秀的老师和演讲者——你们只需要找到一位，让他如你们所愿地梳妆打扮好、收拾好，然后什么也不说。但那个人不会是我，肯定不是！”

我不会动摇。

等斯蒂夫回家后，我告诉了他我的最新决定，然后我坐在他身旁，把头倚在他肩上。“真难啊！”我说，“我哪儿也不属于，无所归附。不管去哪里，我都是一个局外人，不守规则地说一些别人不会说的话。我没有同伴，我一辈子就这样了。”

斯蒂夫并没有试图鼓励我振作起来，相反，他表示同意我的看法，还说我“确实有点儿不属于”任何群体。但他提醒我，我跟他、艾伦还有查理是一伙的——如果我愿意，我可以祈祷也可以骂人，只要说了粗话后我有足够的钱付给查理就行。

我笑了起来，但是泪水又涌了出来。“我这辈子一直是个局外人，”我对斯蒂夫说，“这太难了！有时候，只有咱们家是唯一让我觉得自己不是孤零零一个人的地方。我也不确定自己为什么选择这条路——在这条路上我没看到其他人，也没有人在前面对我说：‘没问题，这儿有很多教授/研究人员/故事讲述者/管理层/企业家/真诚的人/骂人的人，但这就是我的愿景。’”

斯蒂夫握着我的手对我说：“我知道这很难，你肯定会感觉孤单。你可能是有点儿与众不同，在很多方面表现得像个局外人。但是有一点你不要忘了，在领导力大会上有20多位演讲嘉宾，你是得分最高的那位，还穿着牛仔裤和木底鞋。鉴于此，你是如何得出结论别人都属于那里，唯独你不属于呢？当你以真实的面貌出现，真实地谈论你自己和你的工作时，你就属于任何地方。”

这就是我人生中意义重大的时刻！

我终于在应用和理论层面理解了玛雅·安吉罗的话。

我激动地吻了斯蒂夫，跑进书房，打开笔记本电脑，上网搜索安吉罗的话。然后我抱着电脑回到客厅，对斯蒂夫念道：

> 只有当你领悟到你不归属于任何地方的时候，你才是真正自由的——你属于所有的地方，而不是某个地方。（它的）代价很高，但收获巨大。

在这一刻，我看待及定义自己的核心故事改变了。之前的我认为自己就是一个小小的、孤单的、其貌不扬的女孩，绝望地站在体育馆门外，在啦啦队布告板上找自己的编号，试图确认自己属于某个地方。我陷在不属于我的世界、不属于我的原生家庭的故事中难以自拔。可事实上，我的工作颇具成果，我还有一个很棒的丈夫和两个很棒的孩子。

这种变化斯蒂夫感受到了，他说："虽然代价很高，但收获是，你诚实地把你的工作成果传播到了世界各地，你没有辜负那些与你分享自己的生活和故事的人。"

我问斯蒂夫，他真的理解这样奇怪的对立观吗？孤立却有所属，真正有归属感。他回答："是的，我感觉是这样的。我认为‘孤立’和‘感觉强大’有点儿矛盾。有时候患儿家长会因为我不给他们的孩子开抗生素而不高兴，他们会说，‘其他儿科医生都给开抗生素，我找他们看病去’。听他们这样说，我也不开心，但我退一步想，就算我是唯一那个不给孩子开抗生素的医生也不是什么问题，我坚信用抗生素对孩子来说不是最好的治疗方案。所以，到此为止，句号。”

我的脑子继续飞转，我向斯蒂夫解释说，即便我现在理解了坚持自我的勇气和脆弱等问题，但我仍然无法摆脱“想成为某群体的一分子”的想法，我想要“同伴”。斯蒂夫说：“你有同伴，只是人数不多，而且不是所有人都同意附和你或者跟你保持行动一致。但是坦白说，你也不喜欢那种类型的同伴吧。”我知道他说的有道理，但我还是想了解得更多。

最后，我站起来，告诉他我要去研究玛雅的话语和那些关于归属感的数据了。他的反应令我忍俊不禁，他说：“我知道，我知道这会是什么情况。你需要我买晚餐吗？我很乐意给你的‘研究兔子洞’送食物。上一次你走进书房说要琢磨一个让你感到困扰的问题，结果你花了两年时间。”

我拿起比尔·莫耶斯和玛雅·安吉罗访谈的文字稿全文，第一次读出结尾的这几句话：

> 莫耶斯：你属于什么地方吗？
>
> 玛雅：并没有。
>
> 莫耶斯：你属于谁吗？
>
> 玛雅：是的，我越来越觉得，我属于我自己。这一点令我很自豪。我很在意自己如何看待“玛雅”这个人。我非常喜欢玛雅，我喜欢她的幽默和勇气。如果我发现自己的表现并非如此，她让我感觉不尽如人意，那我就得想办法改变了。

读完这几句话，我抬起头来想：“玛雅属于玛雅，我属于我自己。”我明白了。我还没有彻底领悟，但至少我有点儿明白了。

这一次，走出“研究兔子洞”花了我四年时间。我回头翻找旧数据，收集新数据，着手形成真正意义上的归属感理论。

我发现，关于什么是真正的归属，我还有许多需要学习的知识。

第二章

勇闯旷野之境

真正的归属感。“真正的”和“归属感”这两个词组合在一起到底是什么意思，我说不清楚，但是我知道，当我大声把它说出来的时候感觉很棒，我感觉这就是我生命中渴望和需要的东西。我们希望成为某个群体的一分子，而且我们需要这种归属感是真实的——不带条件、不弄虚作假也不用时不时被拿来协商的。我们需要的是真正的归属感，但它到底是什么呢？

2010 年，我在《不完美的礼物》（*The Gifts of Imperfection*）这本书里这样定义归属感：

> 归属感是人类与生俱来的需求。我们渴望成为比自己更强大的群体的一分子，这种渴望是一种本能。我们通常会通过融入环境和争取他人的认可来获得归属感。但融入和认可只是表象，它们不仅不能替代归属感，而且会成为获得归属感的阻碍。只有在我们向世界展露真实的、不完美的自我时，真正的归属感才会出现。自我接纳比归属感更加重要。

这个定义经受了时间和新数据的检验，但仍不完善。真正的归属感还有很多含义。“做自己”意味着有时候我们必须鼓起勇气，独立前行，纵使孑然一身也无所畏惧。在我之前写下以上文字的时候，我觉得归属感是要从外部获得的——是的，我们真实地展现自己，与其他人一起共同经历一些事来获得归属感。然而，随着进一步深入研究挖掘真正的归属感，我越来越清晰地认识到，归属感并不是通过我们与他人一起来获得或实现的，归属感存在于我们的内心深处。当我们完全属于自己、相信自己的时候，我们就拥有了真正的归属感。

“属于自己”意味着勇敢做自己，勇于面对未知的、无法预见的不确定性、脆弱以及批评。我们所处的世界正变得越来越像政治和意识形态的战场，能做到勇敢做自己尤为困难。我们似乎已经忘了，就算我们是孑然一身，我们和他人之间仍是密切相连的，把我们连接在一起的是比会员、政治、意识形态更重要的因素——那就是爱和人文精神。也就是说，无论我们在思想和信念上有多大差异，我们都属于同一个精神体系。

什么是真正的归属感

我是一名定性扎根理论的研究者。扎根理论旨在基于人们真实的亲身经历来建构理论，而非证明或否定现有理论。在扎根理论研究中，研究者应设法搞清楚受访者（即研究对象）最关心的问题是什么。关于归属感，我希望了解的是：人们想得到什么？他们关心的又是什么？

受访者的答案出乎意料地错综复杂。他们希望成为某个群体的一分子——与他人建立真正的联结，而且不用牺牲自己的真实性、自由或者权力。受访者还提到，他们感到自己被“我们和他们”的文化所包围，而这种文化导致了一种精神上的分离。我追问“精神上的分离”具体是什么意思，他们说，就是感觉人性共通的部分日益减少。受访者一再提到，他们认为，如今，同样的恐惧和轻蔑是把人们联系在一起的唯一因素，而不是共同的人性、相互信任、尊重和爱。他们感觉自己越来越不敢与朋友、同事以及家人发生争论或持有不同意见，因为人们之间越来越缺乏礼让和容忍。

人们不愿在“忠于一个群体”或是“忠于自己”之间做出选择，而且他们缺乏共同人性层面的内在精神联结，这让他们真切体会到了“合群”和顺应环境给他们带来的压力。更多的精神联结赋予了人们更多表达个性的自由，且无须担心个性的表达会危及归属感。就像一些人说过的：“是的，我们在很多方面不尽相同，但在所有表象之下的精神层面上，我们是紧密相连的。”如今，大家连说这种话的勇气似乎都丢失了。

在定义与归属感相关的主要因素时，我回顾了自己在《不完美的礼物》中基于2010年的数据对“精神性”（spirituality）的定义：

> 精神性即承认并笃信有一种比人类更强大的力量，令我们彼此密不可分，关爱和仁慈正是我们与这股力量以及彼此之间紧密联结的基石。

我重复念叨着“密不可分”，可联结已经被我们断开了。在后面的章节，我会说明我们是如何以及为什么断开联结的。这本书接下来的部分还会讲修复联结——重新找回自己，找到对方。

我把真正的归属感归为受访者们在这次研究中的主要关注点。鉴于以上的定义和相关数据，毫无疑问，寻求真正归属感的人所经历的挣扎在很大程度是精神上的。这与教义或教派无关，事实上，人们在日益分裂的世俗世界里艰难摸索，探求各种可能性，努力将把人类联合起来的力量进行缔结。

基于扎根理论的思路，我的研究主要关注了以下问题：

- 建立真正归属感的女性和男性，在建立过程中、实践过程以及方法步骤上有何相似之处？
- 我们如何达到“既不属于任何地方又无所不属”的人生境界，即归属感在我们内心深处，而非用“完美、取悦、证明、伪装”博取而来的结果，亦不能被他人胁迫或任人与夺？
- 如果我们心甘情愿地直面人生的旷野之境——即便孤独也始终坚守自我本心，那么我们还需要那种外界给予的归属感吗？
- 目前与日俱增的文化分歧会影响我们对真正归属感的追求吗？如果是，又是如何影响的？

对以上问题的回答包含了真正归属感的四项要素，它们就在我们生活的现实世界中。通过这种方法衍生出来的种种理论扎根于我们日常与外界相处的方式中，这些理论不是假想出来的。也就是说，关于真正的归属感理论的发展不能脱离日益多元化的世界对我们的生活、联结和真正归属感的切身体验的影响和塑造。我并不打算写本书来讨论混乱的政治和意识形态背景下的归属感，这不是我想做的，我只是忠于数据本身。

在你细读这四项要素的时候，你将看到每一项要素的内容都是我们每天在实践的，并且有点儿矛盾。它们对我们的认知提出了质疑：

- 不再抗拒，互相靠拢。
- 实话实说，且有礼有节。
- 相信爱，和陌生人握手。
- 外柔内刚，不改初心。

旷野之境

当真实的归属感理论从数据中浮现且日渐清晰时，我也愈加认识到，我们有时候纵然会惧怕遭受批判和反对，我们也必须坚守自己的决定和信念，这个时候出现在我脑海中的第一幅画面就是旷野之境。神学家、作家、诗人和音乐家经常将旷野之境比作广袤、危险之地，我们必须经历艰苦磨难才能进入理想中的世外桃源，在那里找寻冥想的空间。所有关于旷野之境的隐喻都有以下共同点：孤独感、脆弱，而且都带有某种情感、精神或生理上的诉求。

宁愿独行也完全忠于自我同样是一种旷野之境——充

满孤独和探寻的蛮荒、不可预测之地。这个地方既危险又摄人心魂，既让人着迷又令人恐惧。旷野之境通常给人一种邪气横生的感觉，因为我们对它既没有把握，也不知道人们会如何看待我们冒险进入其中的选择。但它恰恰就是真正归属感的所在，是你要坚守的最勇敢、最神圣的地方。

体验真正的归属感，不仅需要特别的勇气来勇闯旷野之境，更需要你成为旷野之境——拆毁围墙，摒弃你的意识形态堡垒，听从你的内心，而不是从令人疲惫不堪的伤痛中领悟生活真谛。

我们不能指望沿袭一条毫无新意的老路来穿越荒野。我可以分享我从那些在生活中拥有真正归属感的研究参与者身上所了解到的经验，但我们每个人必须找到自己的路。如果你和我一样，你也不会喜欢走别人的老路。

我们总是刻意地跟与我们不同的人群在一起。我们总是报名参与这样或那样的活动，找个位子坐下来。我们也总是要学习如何倾听，如何进行艰难的对话，如何寻找喜悦、分享痛苦，更加好奇而非戒备；与此同时，还要寻找体验到归属感的时刻。

真正的归属感不是被动的——它不是加入某个群体让你获得的那种归属感，也不是适应、假装或者兜售自己，仅仅因为这样会令你感觉更安全。真正的归属感要求我们可以是脆弱的、感到不舒适的，还能让我们在与人相处时不用牺牲自我、虚与委蛇。我们需要真正的归属感，但明知困难重重还毅然前行，这需要巨大的勇气。

旷野清单——BRAVING

你并非毫无准备就只身冒险。当你独自面对一个极具挑战的环境或者身处不同意见之中时，你最需要的工具就是：信任。为了勇闯旷野之境以及融入旷野之境，我们必须学会相信自己、相信他人。

关于信任，与我的研究数据完美吻合的定义来自查尔斯·费尔特曼（Charles Feltman）。费尔特曼将“信任”描述为“选择将你视作珍宝的事物交与他人之手，使其前景未卜的冒险行为”，将“不信任”描述为“断然认为将自己珍视之物托付与某人，在此种情形下（或任何情形下）都是不安全的”。

在思想和感情上搞明白“信任”这样一个大概念是有难度的，而且人们平常围绕“我不信任你”这个话题的对话几乎少有成效。于是，我深入进行了概念挖掘，以便更好地理解当我们说“信任”时，到底指的是什么。

我从研究数据中提炼出了有关信任的 7 个要素，这些要素对信任自己和信任他人皆适用。这 7 个要素的首字母正好凑成“BRAVING”，即“勇敢七大原则”。

我喜欢用 BRAVING 作为“荒野清单”，因为它提醒我，信任自己或信任他人是一个充满脆弱且需要勇气的过程。我在《成长到死》（*Rising Strong*）一书里分享过这一研究发现。而且，我在关于归属感的访谈中也谈到了信任。

相信他人

边界（Boundaries）——尊重边界。如果不清楚什么可以做、什么不可以做，请提问。你可以说“不”。

可靠（Reliability）——言出必行。你对自己的能力和局限性有清醒的认识，不过度承诺，有能力履行承诺，有效平衡轻重缓急。

担当（Accountability）——有错必究，知错就改，诚恳道歉，尽力补救。

保护（Vault）——为他人的信息或经历保密。做到既能保守自己的秘密，也能替别人的信息保密。

正直（Integrity）——选择勇气而不是舒适。选择正确的事而不是有趣、快捷、容易的事。选择践行价值观而不仅仅是挂在嘴边。

不评判（Nonjudgment）——你我各取所需，各抒己见，互不评判。

宽容大度（Generosity）——以最大的善意解读他人的意图、言语和行为。

相信自己

在旷野之境，我能想到的最重要的事莫过于相信自己。恐惧会将我们引入歧途，自负则更加危险。如果你重读这份荒野清单，把当中的代词“你”改一下，你就会看到“BRAVING”同样可以用来检验你对自己的信任程度。

B——我尊重边界吗？我是否了解什么可以做，什么不可以做？

R——我可靠吗？我是否言出必行？

A——我有担当吗？

V——我是否尊重人与人之间的界线，有尺度地与他人分享信息？

I——我是否言行端正？

N——我是否取我所需？我是否对需要帮助的行为不做评判？

G——我对自己宽容吗？

做真实的自己

尽管我常说自己是一名经验丰富的引路人，但是我也会像其他人那样迷失方向、跌跌撞撞。我们必须找到属于自己的路。也就是说，即便我们可以分享同一份研究地图，但你的路径跟我的路径也并不相同。约瑟夫·坎贝尔写道："如果你清楚地看到眼前的每一步要怎么走，你就应该意识到那不是你的路。你的路是需要你自己一步步走出来的。"

对真正归属感的探寻始于我从研究数据中提炼出这个概念，它是我们后续共同探讨过程的试金石：

> 真正的归属感是精神层面的高度自信和坚守本心。因此，你可以把最真实的自我展现出来，无论是融入团队还是独闯旷野之境，你都能从中找到神圣感。真正的归属感不要求你改变自己，真正的归属感只要你真实地做自己。

我们唯一能确定的是，在探寻过程中，我们将学习如何面对矛盾，包括与人相处和独处的重要性。在很多方面，“矛盾”这个词的词源会直接切入核心问题，它对突破我们的意识形态堡垒、坚持自己的信念、勇闯旷野之境等问题都意义重大。在这个词的拉丁语词根中，“矛盾”（paradox）由两个词组合而成：“para”（对立的）和“dokein”（观点）。拉丁语中“paradoxum”的意思是“看似荒谬实则是事实”。真正的归属感不是你跟外界讨价还价得来的，它是你内心深处具有的。融入群体和独闯旷野之境都是神圣的。当你抵达这个境界的时候，即使是短暂抵达，你也是无所不往又无所归附的。这看似荒谬，但的确是事实。

心理学家卡尔·荣格说，“矛盾是我们最宝贵的精神财富之一，也是事实的有力佐证”。我认为言之有理。我们就受到感召后，会用我们最珍视的精神财富来对抗精神断联的危机。为事实真相佐证实属不易，尤其当我们独自处于旷野之境时。

但是，就像玛雅·安吉罗告诉我们的，“（它的）代价很高，但收获巨大”。

第三章

直面高度孤寂的精神危机

据说，比尔·门罗小时候常躲在“肯塔基州悠长、古老的”铁道旁的树林里。当时，他看到从一战归来的老兵们沿着铁轨走回家。那些疲惫不堪的士兵有时会发出长啸声——大声、尖利、令人不寒而栗的叫声，既带着痛苦又透出自由的声音，像海妖划破夜空的吼叫。

约翰·哈特福是一位广受欢迎的音乐家和作曲家，他每次讲述这个故事的时候都会发出一声吼叫。你一听就知道：它就是这种喊声，既不是高昂的欢呼，也不是痛苦的哀号，而是介乎两者之间。这喊声饱含苦难和救赎，这喊声属于另一个时空。比尔·门罗后来成了蓝草音乐（bluegrass music）之父。在他传奇般的音乐生涯里，他经常告诉人们，他会时常练习发出这种喊声，并且他认为这喊声就是他吟唱风格的来源。今天，我们把这种喊声称作“高度孤寂”（high lonesome）。

“高度孤寂”是蓝草音乐中的一种声音或音乐类型，源自比尔·门罗、罗斯科·霍尔科姆以及肯塔基的蓝草地区。我被这种音乐深深打动，感觉当中满是艰难和痛楚。罗斯科·霍尔科姆演唱《悲痛一生的我》时，他清唱的声音就像利箭一般刺破空气，我后脖颈上的毛发立马竖了起来。我听比尔·门罗演唱《我忧郁，我孤单》时，也会浑身起鸡皮疙瘩。如果是你，当听到长啸声回荡在激昂的曼陀铃和班卓琴声之上时，你也能感受到士兵们喊声背后的沉重，你甚至可以隐约听到火车嘎喳嘎喳地沿着铁道向远方驶去。

艺术拥有这种力量，它能将悲痛渲染得很美丽，让孤独成为你我共同的经历，也能化绝望为希望。只有艺术能把归家士兵的喊声表达成人们共有的情绪和共同的体验。音乐与其他艺术形式一样，将痛楚和我们痛苦的情绪以声音、语言等形式表现出来，使之得以被识别、被传播、被分享。高度孤寂之声的魔力即一切艺术的魔力，它在捕捉我们的痛苦的同时，又将我们从痛苦中解救出来。

当你听到有人哼唱那些心痛的或者无法言说的悲痛时，你会知道，你并不是唯一经历这些的人。艺术的转化力量在于共通性。没有联结或者集体的参与，你听到的就只是一首悲伤绝望的歌曲，它的能量就像在笼子里关着没有被释放出来。艺术的共通性让你知道：你并不孤独。

我感觉当下的世界就是高度孤寂和令人伤感的。我们按意识形态把自己分到了不同的派系；我们日益疏离，互相指责，满心愤怒；我们倍感孤独，如离群之马，惶惶不安，惊恐万分。

纵然如此，我们非但没有向彼此靠拢，用歌曲和故事来分享我们的经历，反而越走越远，隔空喊话。我们没有在一起舞蹈、祈祷，而是越来越疏离。我们也没有寻求可能改变一切的大胆、创新的想法，而是龟缩在自己的掩体里自说自话、自问自答。

我翻阅着我和我的团队在过去15年里整理出来的二十几万页的研究数据，我的结论越发明确：我们正在经历一次集体性的精神危机。如果你想到“精神性”一词在《不完美的礼物》一书中的核心定义，这个结论尤其有道理：

> 精神性即承认并笃信有一种比我们更强大的力量，让我们密不可分。关爱和仁慈是我们与这股力量以及彼此之间紧密联结的基石。

如今，我们既不认可也不相信我们之间的联结是密不可分的，我们还在生活的各方面日益割裂。人们在一起时所表现出来的状态不是认同我们之间的联结。冷嘲热讽、愤世嫉俗、不信任重重压在我们的心头。

如今，我们中的大部分人要么选择保持沉默，寻求自保，逃避冲突、不适和脆弱，要么矛盾地接受自己的内心并不认同的做法。无论做何选择，我们看上去是在保护自己的信念，实则是让我们陷入疏离、割裂、恐惧和孤独。我们需要巨大的决心去找寻人性中共同的关爱和真正的归属感。我希望这项研究可以给我们些许启发，告诉我们，为什么追寻真正的归属感需要我们勇于进入某些真正意义上的旷野之境。让我们首先从割裂的出现开始，一起来看一下这个危机背后的几个原因。

人群划分

比尔·毕肖普在《大归类》（*The Big Sort*）一书中写道："结果，我们如今就像生活在一个巨大的反馈环中，我们听到的关于对错的看法都是属于我们自己的，只不过是通过我们观看的电视节目、阅读的书报、浏览的网页发言、听到的布道，以及身边的邻居的说辞等，最后又反馈回到我们身上。"

这种划分让我们对身边的人进行臆测，反过来又加剧了人际关系的疏离。最近，我的一位朋友（他当然并不真正了解我）说我应该读读乔·贝吉恩特的书《与耶稣一起猎鹿》（*Deer Hunting With Jesus*）。我问他为什么，他轻蔑地答道:“这样会帮助你更好地理解大学教授们从未见过的和永远无法理解的美国。”我心想:“你压根儿就不了解我、我的家庭、我从哪里来!”

在你忙着给自己归类的同时，你身边的人也在忙着给你进行归类，以尽快确定该做什么、说什么、为什么要信任你或者为什么不能信任你。我的这位朋友希望让我通过一本书了解他眼中的美国。但是，他所谓的这个美国就是我熟稔于心的美国，这里生活着我深爱的人。但对于像他一样对我有成见的人而言，他们眼中的美国我是不了解的，因为我甚至都不是在这里出生的。

一些读者可能也会对我有类似的成见，但事情并非如此简单，因为每个人都不是那么简单的。我是一名教授；我的祖父是一名卡车司机，曾在酿酒厂操作叉车；我的丈夫斯蒂夫是一名儿科医生；斯蒂夫的祖母是墨西哥移民，年轻时在圣安东尼奥城里的一间工厂缝制衣服。

我们给自己和他人所进行的分类，大都是无意识的条件反射，偶尔是缺失人性的模式化操作。矛盾的地方在于：我们都喜欢现有的分类系统，因为这在我们快速刻画他人的特征时用起来很方便顺手。但是，当我们自己被分类归档的时候，我们又很憎恶它。

在 2016 年总统大选和 2017 年 1 月份总统就职典礼之后的几个月里，我收到了数千封来自社区成员的信件，询问该如何应对席卷全美甚至家庭的分化。与美国的人口划分不同，我的社区成员非常多元化，所以我收到的信件里什么观点都有。有的人说，他们已经好几周都没有跟父母说话了，还有人描述了他们关于社会政策的争论如何直接导致了离婚。

我记得这种说辞空前高涨的那个阶段。大概是在那一年感恩节前后，广为流传的段子是，“为避免聚会期间人员冲突引发伤亡，家庭聚餐时请购买塑料刀叉”。我当时能想到的就是维罗妮卡·罗斯的反乌托邦小说《分歧者》（*Divergent*），书里的人物根据自己的个性选择派别。有句话是：“派别高于血缘。派别就是我们的归属，而不是家庭。”这听上去很吓人。更惊悚的是，这种情形如今比噩梦般的小说更加逼近我们的现实生活。

20 多年来，我有幸在休斯敦大学任教。休斯敦大学是全美种族和民族最多元化的一所研究型大学。几年前，我问一个研究生班上的 6 名学生（这 6 个人在种族、性取向、性别、文化背景等方面充分反映了休斯敦大学的多元化），他们的信仰是否与祖父母的政治、社会、文化信仰相一致？结果，约有 15% 的学生说“是的”或者“接近”，另外 85% 的学生则描述了他们家庭成员之间在谈及人生观时的种种难堪。

一名非洲学生说他跟他的祖父几乎在所有事情上都意见一致，除了一件对他来说最重要的事——他不能对他的祖父公开他的同性恋身份，尽管家里其他人都知道他的性取向。因为他的祖父是一名退休的神父，在同性恋问题上很“顽固”。一名白人学生讲述了她父亲在墨西哥餐厅用餐时，总习惯招呼服务员——“哈罗，潘丘！”她的拉丁裔男友告诉她，这其实是一种不尊重人的称谓。但是，当我问他们是否厌恶自己的祖父母，或者是否会因为三观上的分歧与家庭成员断绝关系时，所有人的回答都是“不会”。当然，这个问题比课堂问答要复杂得多。

那么，大问题是：你是否认为，我们现在按政治和信仰所进行的人群划分能够让所有人更加亲密融洽？如果我们按意识形态和地域划分后，跟那些我们同类型的人盘膝坐在一起，这是否意味着围绕在我们身边的人都是亲密的朋友？“非敌即友”是否会令同类人群之间的关系更加紧密？答案是响亮而令人吃惊的：不！因为人群划分兴起的同时，孤独也在滋生。

现在，我们再来比较孤独领域的数据。研究显示，1980 年，有 20% 的美国人感到孤独。今天，这个比例增加了一倍多。这不只是一个地区的问题，在全世界范围内，孤独人群的比例一直在迅猛增加。

显然，选择与想法类似的人做朋友和邻居，尽量远离跟我们不一样的人，这并不能帮助我们找到一直渴求的高度归属感。要理解这一点，我们首先要搞清楚，孤独意味着什么，以及孤独的盛行如何影响了人与人之间的相处。

从局外看局内

芝加哥大学的神经科学者约翰·卡乔波研究孤独已逾 20 年之久，他将孤独定义为“感知性社会孤立”。当我们感觉与社会的联结发生断裂时，我们就体验到了孤独。或许是我们被迫脱离一个我们所看重的群体，或许我们只是缺乏真正的归属感。孤独的核心是缺乏有意义的社会关系，如亲密关系、友情、家庭、社区或工作团体。

请注意“孤独”和“独处”是两个不同的概念。独处或者独居可以是一种有力的治愈行为。作为一个性格内向的人，我非常珍惜独处的时光。而且，我有时觉得一个人最孤独的时候，就是与他人在一起的时候。在我们家，我们把这种断联称为“孤独感”。

我不记得有多少次我在路边对斯蒂夫说：“我感到孤独。”通常跟他和孩子聊会儿天就能治愈我的孤独感。这好像有点儿反直觉，但斯蒂夫建议我说：“你也许需要在酒店里单独待一段时间。”这样做对我来说确实有很好的治愈作用。

我们家的人都会用“孤独感”来形容各种事情。女儿艾伦或儿子查理会说：“我不喜欢那间餐厅，它让我有孤独感。”或者：“我朋友今晚能住我们家吗？她的家让我感觉孤独。”

当我们四个人试图搞清楚“孤独感”对我们家到底意味着什么的时候，我们都认为那些无法让我们产生情感联结的地方会有孤独感。由此说来，不仅是人，地域本身也能承载传递断联的感觉。有时候，一个地方会让你感觉孤独，是因为在那个地方发生的某种人际关系缺乏紧密感。或者是因为在某个地方你想象不出和其他人之间能产生什么联系，这会让你感觉这里很孤独。

尽管我与卡乔波有一致的研究发现，但直到我着手处理他的工作，我才完全理解孤独在我们生活中的重要作用。他解释说，作为社会性物种，我们的力量并非来自顽强的个人主义，而是从集体计划、沟通、协作中获取的。我们的神经、激素和基因组成更倾向于支持相互依存而不是个体独立。他说："社会性物种（包括人类）成长、成熟的过程，不是要独自作战或者离群索居，而是要成为他人可以依靠的力量。无论我们是否理解，我们的大脑和生物构造就是这么设计的，它们总是会倾向这样的结果。"当然，我们是社会性物种，因此与社会的联结很重要。这也是羞耻令人痛苦和虚弱以及我们渴望归属感的原因。

卡乔波解释了当我们的发展能力遭受威胁时，我们的大脑生物系统是如何发出警告的。饥饿是血糖降低需要进食的信号；口渴是为了提醒我们要及时喝水以避免脱水；疼痛是提示我们注意可能的组织损伤；而孤独感则是告诉我们需要社会联结——这是像食物和水之于我们的身体健康一样重要的因素。他说："否认孤独感如同不承认你感觉饿了，这是说不通的。"

事实上，我们确实在否认孤独。作为研究"羞耻"这个主题的专业人员，我发现自己又回到了熟悉的领域。我们实际上是对孤独感到羞耻——仿佛孤独感的存在意味着我们哪里出问题了。即便我们的孤独感是由于悲痛、失落、心碎导致的，我们也会感到羞耻。卡乔波认为，孤独的污名化很大程度上取决于我们多年以来是如何定义和谈论孤独的。我们一度将孤独定义为“毫无可取之处的令人痛苦的慢性疾病”，可见，它与羞怯、抑郁、不合群、反社会或者社交能力低下画上了等号。他举了一个很好的例子，我们经常用“不合群”这个词来描述一名罪犯或坏人。

卡乔波认为，孤独不仅是一种糟糕的状态，而且是危险的。社会性物种的大脑不断进化，当个体感到被推到社交边界之外时（即在局外时），大脑就会进入自我保护模式。当我们感觉被孤立了、与他人切断联结了，以及特别孤独的时候，我们就会想办法谋求自保。在这种模式下，我们想与他人建立联结，但是我们的大脑会以自保优先，压倒联结的需求。这意味着我们会出现同理心减弱、戒备心加强、更加麻木、睡眠减少的情况。在《成长到死》这本书里，我描述了大脑的自保模式是如何夸大事实、编造故事或者放大我们最糟的恐惧和不安全感。未加抑制的孤独感让我们害怕向外界求助，最后演变为持续的孤独感。

与孤独感做斗争，我们首先要学习如何识别它，并且勇敢地把这种经历当作一种警告。我们对这个警告要做出的反应，应该是与他人建立联结。这并非要我们加入各种团体或者与一帮朋友保持联系。大量研究表明，朋友的数量不重要，拥有高质量的人际关系更重要。

如果你像我一样，质疑孤独和饥饿是否同样生死攸关，那么请让我来分享一下那个帮助我的观点形成的研究。在对孤独的元分析研究中，研究者朱丽安·霍利·伦斯塔德、蒂莫西·B. 史密斯、J· 布拉德利·林顿发现，生活在空气污染的环境中会导致人们的死亡概率提高 5%，肥胖概率提高 20%，酗酒概率提高 30%。而孤独则能将死亡概率提高 45%。

那么，我们是如何变得如此分化和孤独的呢？我们不能假定说分化是使我们变得更加孤独的原因，这不是科学的做法，我们不能直接跨到这个结论上。但是，可以确定的是，我们在一些可能有关联的维度上遇到麻烦了。如果想改变这一局面，我们就必须搞清楚其中的原因。

我们是怎么走到这个地步的呢？对这个问题的回答大都比较复杂，但如果我不得不找出一个迫使我们把自己划分成不同派别，同时又切断我们与他人的真正联结的核心变量，我们就会选择恐惧——恐惧脆弱，恐惧受伤，恐惧断联后的痛苦，恐惧批评与失败，恐惧冲突，恐惧不合格。

我是在“9 · 11”恐怖袭击事件发生的 6 个月前开始研

究恐惧的。正如我在文章中所写，我目睹了恐惧对我们的改变，我看到恐惧践踏了家庭、机构以及社区。全美国都在讨论“我们应该恐惧什么”以及“我们应该指责谁”。

我不是恐怖主义专家，但是我研究恐惧超过 15 年了。我想对你们说：恐怖主义就是延时释放的恐惧。全球恐怖论和国家恐怖主义的最终目的都是通过发动攻击将恐惧植根到人们的内心深处，以至于恐惧变成了一种生活常态。这种无意识的状态会点燃巨大的愤怒和指责，引发人们针锋相对，甚至自相残杀。当我们允许恐惧在我们的文化中肆虐时，恐怖主义就是最有效的。其后，人群之间的割裂、孤立、被匮乏感所支配只是时间问题。数据显示，虽然分化和孤独的趋势在“9 · 11”恐怖袭击事件之前就出现了，但这二者在过去的 15 年里增长迅猛。

人们固定的思路是，暴力造成的创伤和毁灭会在相对短的时间内将人类团结在一起。如果在团结的初始阶段，人们可以敞开讨论集体的悲伤和恐惧，并且以脆弱和关爱的方式相互诉说，同时寻求正义和担当，那么我们或许能开启漫长的治愈过程。但是，如果将我们聚集在一起的是仇恨和恐惧的混合物，并且这种情绪又发展为相互指责时，我们就麻烦了。

旗帜在家家户户的门廊前飘扬，社交媒体在引导方向，同时恐惧在隐藏、转移。那些集结的行动实则是对恐惧的掩护，最终恐惧会蔓延到四处，渗透进国家的断层线里。随着恐惧日益成形扩大，它的防护屏障功能也会减弱，变得更像是固化的隔断，渗入到缺口裂缝里，撕裂我们本就易碎的、满是裂痕的社会基础。

将恐惧植根到我们文化中的不仅是发生在全球和美国国内的恐怖主义，无孔不入、胡作非为的枪支暴力，对某些人群的集体性攻击，日益尖锐的社交媒体抨击，这一切让恐惧像滚烫的岩浆一般流淌进我们的社区，灌满裂痕缺口，并最终毁灭那些业已脆弱和破碎的地方。

在美国，我们最大的三条断层线（因为故意疏忽和集体勇气缺失导致的日益加深的社会裂痕）是种族、性别以及阶层。对各种集体性创伤的恐惧和不确定性，以非常极端的方式暴露出了这个国家裂开的伤口。

这些讨论必须要有，我们也应该体会到这种不适。然而，正如我们现在还有诸多事情要解决应对，我们必须承认，我们对敏感、艰难的对话的容忍的缺乏加速了自我分化和联结断裂。

我们还能彼此信任并继续为各自的信念而战吗？不

能，但也能。不能，是因为并非所有人都能做到两者兼顾——有的人坚持认为争取自己的诉求就意味着否定他人，这就使得他与外界的联结难以实现。但我相信，只要我们主动倾听、关注脆弱，那么大多数人是可以在求同存异的同时坚持各自的信仰的。幸运的是，改变一切，我们只需要有一群相信我们可以超越差异、寻求爱和联结的人即可。但是，如果我们根本没有意愿尝试，那么我们争取和奋斗的价值将大大降低。

关于真正归属感的研究数据将各种发现结合在一起，解释了我们为何在拉帮结派后仍然感觉孤独，这也许还能促进关于如何重获真实、重建联结的新观点的产生。真正的归属感没有掩体，我们必须从自保屏障后面走出来，勇敢地面对旷野之境。

缩在掩体后面，我们无须为脆弱、勇敢或信任等问题劳心费神，我们只要用脚画出帮派之间的分界线。只是这么做没什么作用。意识形态掩体并不能保护我们免遭孤独或免受连接断裂的痛苦。换句话说，对最令人心碎的事，我们根本没有防护能力。

在这本书后面的章节中，我们将探讨在人群分类和自我疏离的背景下如何重建人际关系、如何重获真正的归属感。我们必须找回彼此，否则就会被恐惧征服。如果你读过我的书，你会知道这不会是那么简单的事。像所有有价值的努力一样，我们需要克服内在的脆弱并且激发自己的意志力，勇敢地冲破内心的舒适区。我们必须突破这一关，甚至要做得更好。

如果我们能承受自己的痛苦，学会与他人分担，但不把自己的痛苦强加给别人，那么高度孤寂或许是一种美丽且有力的境界。如果我们能找到一种方法感知伤痛却不散播伤痛，我们便能有所改变。我相信一个可以创造、分享艺术和文字的世界能够帮助我们找回彼此。那么，当我们身陷囹圄时，我们就不会再站得远远的，扯着嗓门嘶吼，拒绝帮助他人——我们会找到勇气站出来，对他人伸出援手。就像陶恩斯·凡·冉特演唱的《如果我需要你》:

我会来到你身边，（I would come to you,）
我会漂洋过海，（I would swim the seas,）
只为抚平你的伤悲。（for to ease your pain.）

第四章

不再抗拒，相互靠近

我猜想人们固执地抱着仇恨不撒手的一个原因是：
一旦感觉仇恨消失了，
他们就必须面对痛苦。

——詹姆士 · A. 鲍德温

如果我们推远镜头，用广角来看这个日益被24小时新闻、政治和社交媒体定义的世界，我们就会看到大量的仇恨。我们会看到人们故作姿态、恶语中伤和出卖人性；我们会看到社交媒体上充满了各种空洞的、缺乏可靠性的、不真实的观点。

但是，当我们拉近镜头来看自己的生活时，画面就从一颗远在天边、怒气冲天、萎缩的心脏变成了正常跳动的日常生活。我们感知爱和痛苦；我们体验希望也了解挣扎；我们看见美丽从伤痛中重生；我们无法享受作为特权者的保护，也没有作为无名之辈的奢侈；我们打包午餐、合伙用车、出去工作，尽可能地创造和体会喜悦。在这些日常的点滴中，我们努力建设有联结、有爱的生活。

这个世界仿佛进入了道德判断和有效沟通几近崩溃的阶段，而我采访的人群里拥有最强归属感的女性和男性正是“拉近镜头”的状态，他们没有对世界上发生的事情视而不见，也没有停止主张他们的信念。他们的做法是：根据真实的亲身体验来评估他们的生活，从而形成对他人的看法。他们都在努力规避我们很多人都掉入过的陷阱：“我可以讨厌那些陌生人，因为我认识和喜欢的那几个碰巧是罕见的例外。”

我有时候想象，如果我能把整个世界全部打包进一个Word文件，然后用“查找并替换”功能把所有的痛苦都替换为憎恶，结果会是怎样呢？如果我能把桑迪胡克小学枪击惨案否认者的憎恶替换为痛苦，也把我对他们的憎恶替换为“我们所处的世界究竟怎么了？人们为什么会做这样的事情？”的痛苦思考，双方又会有怎样的对话呢？这能行得通吗？提出“是什么痛苦驱使着他们的憎恶、令他们给他人造成如此巨大的痛苦和恐惧？”这样的问题，有用吗？

有时候，我真想说：“我一点儿都不在乎！”在研究的过程中，有那么几个阶段，我感觉自己几乎想喊叫出来：“你留着你的真正归属感吧！我留着我的憎恶！”我女儿有本关于“上大学”的书，前三章实际讲述的是女生如何避免遭受性侵。我真在乎那些醉醺醺的、行径残暴的浑蛋们的痛苦吗？他们把好好的大学校园搞得危机丛生，以至于女大学生需要一本书来学习如何避免这些浑蛋的伤害。让那些制造痛苦的人的痛苦见鬼去吧！我才不会改变我那酷毙的、自以为是的愤怒！

但是，结果又会如何呢？不关心自己的痛苦，也不关心他人的伤痛是行不通的。我们只是将溺水的人从河里捞出来，而不是去河流的源头找到危险的根源，这样的做法又能持续多久？痛苦如同滔滔河水，以迅雷不及掩耳之势把我们卷走，我们根本不可能救起所有的溺水者。那么，如果我们放下所谓的自以为是，一起找到痛苦之源将会怎样呢？

痛苦是无休无止的。我们一定会注意到痛苦本身。尽管我们试图用麻木去淹没所有的痛苦，将它们一个接一个地打趴下，用成功和物质去掩盖它，或者用憎恶去扼杀它，但痛苦还是会想尽办法出现在我们眼前。

只有当我们承认和关注痛苦时，痛苦才会消退。以爱和同情之心应对痛苦和用敌对的态度应对痛苦相比，前者只需要一点点力气，只是直面痛苦是令人生畏的。我们中的大多数人都不知道如何分辨痛苦、说出痛苦、面对痛苦。我们认为承认痛苦就是脆弱的表现，就是人性的弱点，所以我们被教育去怨恨、愤怒，甚至否认痛苦。但现在我们知道，就算我们否认自己的情绪，这些情绪仍然在我们体内。只有当我们有能力掌控情绪时，我们才能跨越痛苦，重建一片新天地。

有时，面对自己的痛苦和挣扎会让我们十分愤怒。当我们否认自己拥有愤怒的权力时，这就意味着我们在否认自己的痛苦。有很多隐晦的羞耻信息隐藏在类似的话语中，比如：“你怎么这么有攻击性啊？”“别歇斯底里了！”“我感觉到了你出奇的愤怒！"，以及"别太感情用事了！"。所有这些话题通常都表达了一个信号："你的情绪或者看法让我不舒服了"，或者是"行了，安静点儿吧"。

对待这种情况的一个回应方法是：有气就撒，尽管发泄你的愤怒！我没有在研究中看到对这条建议的印证，但是研究发现，我们都有权也有需求来感受和体会愤怒。这是一项重要的人类体验。并且，认识到这一点很重要：我们很难长时间保持某种程度的怨恨、愤怒或者蔑视（一点儿怨恨加一点儿厌恶的混合物）。

愤怒是一种催化剂。抓着愤怒不撒手，只会令我们疲惫不堪、心力交瘁。若把愤怒藏在心里，那么消耗的是我们的快乐和正能量。而把愤怒表现出来，则会影响我们试图改变、与他人建立良好关系的能力。我们需要把这种情绪转化为能滋养生命的元素：勇气、爱、改变、同情、正义。愤怒有时掩盖的是更深层次的复杂情绪，比如悲痛、遗憾或者羞耻，这时我们就需要顺藤摸瓜，找出我们愤怒的原因。不管怎样，愤怒是强大的催化剂，它会消耗我们的生命。

我想不出比这句话更有力的例子——"你休想得到我的恨。"

2015 年 11 月，安东尼·莱瑞斯的妻子海伦娜在巴黎巴特克兰剧院被恐怖分子杀害了，同时遇害的还有另外 88 名人员。恐怖袭击发生两天后，莱瑞斯在脸书上贴出了他写给杀人凶手的公开信：

> 周五晚上，你们夺走了我至爱之人的生命——我生命中的爱、我儿子的母亲。但是，你们休想得到我的仇恨！我不知道你们是谁，也不想知道。你们就是死魂灵！如果你们是按照指引你们滥杀无辜的魔而做的，那么我妻子身上的每一个弹孔也将成为你们的魔的心脏里的弹孔。
>
> 但是，我不会让你们得逞，你们休想得到我的仇恨！我知道你们想得到我的仇恨，但是，如果我如你们所愿，以愤怒来回应你们的仇恨，我无异于向造就你们的愚昧表示屈服。我知道，你们想让我恐惧，想让我怀疑身边的同胞，想让我为了安全而牺牲自由。但是，你们失败了。我不会改变！

莱瑞斯继续写道：

> 现在，我们家只剩下两个人——我儿子马维尔和我自己。但是，我们比世界上所有的军队都强大。总之，我没有时间浪费在你们身上，我要去照看午睡醒来的马维尔了。他只有17个月大，他会像往常一样吃他的零食，他会快乐、自由地成长。在我眼中，你们什么也不是！你们也休想得到马维尔的仇恨！

勇气在痛苦中锤炼而成，但并非所有的痛苦都可以锻造出勇气。被否认或者忽视的痛苦会变成恐惧或者仇恨，未能转换的愤怒则会变成怨恨。我喜欢诺贝尔和平奖获得者凯拉什·萨蒂亚尔希在2015年所做的TED演讲，他讲道：

> 愤怒存在于你们每一个人身上。我会分享一个秘密：如果我们把自己局限在自我的狭小躯壳和自私的循环之中，那么愤怒就会转变为仇恨、暴力、复仇和毁灭。如果我们能打破这个循环，同样的愤怒可能会转变成为一种强大的力量。我们可以用人类与生俱来的同情心来打破循环，通过同情心与世界建立联系，让世界变得更加美好，这样，愤怒就可以转化并消融。

为愤怒付出我们的生命，这样的代价未免太大了。

设定清晰的边界线

当我们决定互相靠近时，这就意味着我们总有一天会经历真实的、面对面的冲突。无论是在餐桌上、工作中或者是杂货店排队时，亲身体验冲突总是一件让人很不舒服的事。如果事关家庭，这种体验会更加艰难和痛苦。如果你的家庭和我类似，那么你需要有能力应对各种情绪，从小郁闷到大愤怒，并从中找到爱和尊严。

面对家庭、社会或愤怒的陌生人，你始终有勇气在必要的时候保持独立性，这种感觉就像是处于未被征服的旷野之境。当我达到一个临界点，就快喊出“太累了！我受不了！”时，我仿佛又听到玛雅·安吉罗的话：“（它的）代价很高，但收获巨大”。

但是，在研究中有这么一个问题：界线在哪里？在旷野之境中是否有界线来区分哪些行为是可容忍的，而哪些行为不可以容忍？收获可能是巨大的，但是如果有人要把我打倒在地或者挑战我的生存权，我是否也得容忍呢？是否有一条不可逾越的界线？答案是：有。

那些践行真正归属感的研究参与者坦诚地分享了他们内心的界线。事实上，这次的研究验证了我之前工作中的发现：你的界线越清晰，对界线的遵从度越高，那么你对他人的同理心和同情心就越多；同时，你的界线越不清晰，那么你的坦诚度也就越低。如果周边的人总是在利用你或者威胁你，那么你是很难永远保持友善之心的。

在我浏览研究数据的时候，我发现界线通常被设定在两个地方：人身安全和人们通常所说的情感安全。人身安全好理解，这是内在脆弱性不容谈判的先决条件之一。如果没有人身安全，我们不可能做到坦诚面对自己的脆弱之心。

情感安全则有点儿模糊，尤其是在现实世界中，这个词通常用来表示："我没必要听那些跟我看法不一样的观点、我不喜欢的观点、我认为不对的观点、有可能会伤害我的情感的观点，或是达不到我眼中的政治正确标准的观点。"我需要深入探究，搞清楚这个概念。

我向研究参与者询问有哪些具体的例子让他们感到情感不安全或受到了威胁，随后，这个概念的清晰图像就出现了——大家说的不是自己的感情受到伤害或者被迫去听意见相左的观点，而是那些缺乏人性的语言和行为。我马上就明白了。“去人性化”的问题我之前研究过，而且近 10 年来也一直在工作中遇到。

戴维·史密斯，《非人》（*Less Than Human*）一书的作者，曾解释说，去人性化是由于人们的动机不一致所引发的。我们会产生伤害某个群体成员的念头，但是作为人类社会的一员，我们伤害、杀害、折磨、贬低其他人类都是有违伦理的。史密斯解释说，一种非常深层次的、自然存在的禁忌阻止我们像对待动物、游戏中的人或者危险分子那样对待其他人类。他写道：“去人性化是破坏这些禁忌的一种方式。”

去人性化是一个过程。我认为伊曼纽尔学院哲学系主任米歇尔·迈伊兹对这个问题的阐述很有道理，所以我将引用她的研究来说明这个问题。迈伊兹对去人性化的定义是：“将敌人妖魔化的心理过程，使敌人看上去不如人类，从而不值得用人类的方式对待他们。”去人性化通常会先制造一个敌人的意象。我们拉帮结派、信任缺失、越来越愤怒——这不仅固化了敌人的概念，还让我们逐渐丧失了倾听、交流，甚至是运用同理心的能力。

当我们把冲突中的“另一方”视为道德低劣甚至危险的人，那么这场冲突就会被建构为善与恶的对抗。迈伊兹写道："一旦双方把矛盾冲突视为正邪对抗，他们的立场就更加坚定了。在某些零和思维的情况下，对抗双方认为自己要么赢得胜利，要么失败出局，然后去惩罚或毁灭对手，不让他们有机会东山再起。"

去人性化引发了无以计数的暴力行径、人权侵犯、战争犯罪以及种族灭绝等行为。它导致了奴役、虐待和人口贩卖等现状。去人性化是我们对违背人性、违背人类精神，以及对很多人而言违背我们信仰的核心原则的逐步接受的过程。

这一切是如何发生的呢？迈伊兹解释说，大多数人同意基本人权不可侵犯——诸如谋杀、强奸、虐待等行为都是犯罪。但是，去人性化可以从道德层面制造群体排斥。目标群体根据其身份特征（如性别、意识形态、肤色、种族、宗教信仰、年龄等）被描绘为"劣等人"或是罪犯，甚至是"邪恶之人"。目标群体最终会从原本受到道德准则保护的范畴中被划出去。这就是道德排斥，其核心是去人性化。

去人性化通常从语言开始，然后是意象。历史上的例子屡见不鲜。大屠杀期间，纳粹将犹太人描绘成"劣等人"，即次等人或者亚人类。他们把犹太人称作"老鼠"，还将从军方宣传册到儿童书籍的所有材料中把犹太人描绘为“携带病菌的啮齿动物”。在卢旺达种族灭绝事件里，胡图人把图西人称作“蟑螂”；原住民常常被称作“野蛮人”；塞尔维亚人称呼波斯尼亚人为“异类”；而奴隶主一向认为奴隶是次于人类的动物。

这确实令人难以置信，我们可以在某处把目标群体从平等的道德对待和基本的道德观中排除出去，但同时又要解决生物学问题。从内心讲，我们相信自己看到的一切，并对我们听到的词汇附上解释。我们不能假定每一个曾经参与或者旁观过人类暴行的公民都是一个行为暴力的精神病人。那不可能，也不正确，更不是我们想说的重点——重点是，对于缓慢发展的、悄然发生的去人性化的过程。我们所有人都是脆弱且易受伤害的，因此，每个人都有责任识别并制止这种情况进一步发展。

尊重每个人

由于过去相当多的权力体系已经把一部分人排除到我们认为的人类范畴以外了，我们现在要做的更多的是“再赋予人性”。“再赋予人性”同“去人性化”一样，都是从语言和意象开始。今天，我们社会中的政治和意识形态讨论越来越朝着去人性化方向演变。社交媒体成了主要的去人性化行为展示平台。在网络上，只要我们不认同某些人的观点，我们只需承担少许风险甚至不用负责，就可以迅速地把他们推入道德排斥的危险境地，而且通常人们无法知道我们的身份。

因此，我以为：

- 当你听到某位女性领导者被冠以“泼妇”“娼妇”这样的称谓时，你感觉被冒犯、被伤害了，那么有人用同样的词语来描述另一位女性领导者时，你也应该感到被冒犯、被伤害了。
- 如果当某位领导者称其对手的支持者为“一群无耻之徒”时，你感觉这是诋毁，那么当这位对手回击时，你也应该感到不安。
- 如果某位领导人在言辞上侮辱了女性，那么我们应该感到毛骨悚然、血脉逆行。同样，若有人对这位领导者也进行了言语上的侮辱，我们同样应该制止这种行为。不论我们持有何种政治主张，我们都不应贬低某些人，把他们称为“下等人”。

- 如果我们听到有些人被说成某种动物或者异类，那么我们应该马上引起警惕——“这是先贬低某些人的人格，从而达到伤害他们后可免受罪责的企图，还是打算剥夺他们的基本人权？”

界线一直存在，这条线由人性尊严凿就。但是，那些愤怒、疯狂的人每天都在毫无顾忌地肆意践踏这条界线。我们必须反对去人性化——这是历史上每一次种族灭绝行为都会使用的主要暴力手段。

当我们使用去人性化的辞藻或者推广去人性化的意象，这个过程实则是在自贬人格。当我们把穆斯林简称为“恐怖分子”，把墨西哥人群简称为“非法移民”，尽管这些说辞跟我们攻击的人群没有丝毫关系，但是它能充分显示我们是怎样的人以及我们的道德操守水准如何。

去人性化和让人们承担责任是相互排斥的。羞辱和去人性化不是责任担当和社会正义的手段，它们说得好听点儿是情绪的释放与宣泄，说得不好听就是情绪的自我放任。如果我们的信仰能让我们在每个遇到的人那里找到上帝的面容，这些人也应该包括我们强烈反对的政治家、媒体或者网络上的陌生人。如果我们亵渎他们心目中的神圣所在，实际上就是在亵渎我们自己，我们是在违背自己的信仰。

以更高的标准要求自己、挑战自我，需要持续、有意识的努力。尽管我们被这些词汇和意象团团包围，但我们距离道德的恢复并不遥远。除了努力和有意识，我们还需要勇气。去人性化之所以得以大行其道，是因为如果有人公开反对那些所谓的复杂的假想敌运动或是为所有人的平等地位和基本人权进行抗争，他们通常会遭受恶劣的对待。

一个重要的例子是关于“珍爱黑人生命”（Black Lives Matter）、“珍爱执法人员生命”（Blue Lives Matter）以及“珍爱所有生命”（All Lives Matter）运动的辩论。你能在为“珍爱黑人生命”运动站台的同时，也深切关注警务人员的身心健康吗？当然可以。你能一边关注警务人员的身心健康，一边同时关注执法和刑法体系中的权力滥用和系统性种族歧视问题吗？毫无疑问，可以。是的，我的亲戚中有人是警务工作人员，我真的很担心他们的人身安全和身心健康。我的无偿公益性工作基本都是和军队以及像警察这样的政府工作人员一起，因为这是我的关注点。当我们深切关注某个领域时，我们就会期望看到体系公正，希望看到相关工作人员的荣耀和尊严能得以彰显。

在我们思考从“融入”到“迈入旷野之境，寻求真正归属感”的心路历程的时候，我们会发现，理解和承认界线、尊重每个人的人身安全、远离那些使用语言或行为以达到去人性化目的的活动或团体，对我们有百利而无一害。我觉得把后者称为“情感安全”并不准确。我们谈论的不是情感伤害，而是最基本的人身伤害和暴力。

转化冲突

除了有勇气面对脆弱、有意愿践行“勇敢七大原则”（BRAVING），拉近彼此距离、相互靠拢也意味着我们需要使用工具来应对冲突。我请我的朋友和同事米歇尔·巴克博士来帮忙理清思路。巴克博士是西北大学凯洛格管理学院领导力领域的实践教授，也是学院领导力项目的第一任主任。20年来，她教授的课程就是冲突转化。她的方法论有可能帮助我们变换思路，更好地应对冲突。以下是我对她的采访。我以采访问答的形式呈现出来，因为我想让你们直接读到她的文字——这些话非常有力量！

问：有时候当我感觉不知所措，我的默认选项就是停止对话、求同存异。你如何看待这种处理方式？

答：通常，出于保护人际关系和保持交往的考虑，人们会选择三缄其口或者是求同存异，而不是去搞清楚分歧的本质到底是什么。但是，如果我们回避对话，永远不去搞明白他人是如何看待这些问题的，那么，我们自己做出的假设不仅不能解答那些疑问，还有可能加深误解，然后就会对他人产生怨恨。对于人际关系而言，这样的结局比发生所谓的“争论”更糟糕。重点是，就算双方最后还是不能达成一致意见，我们也要学会如何引导分歧和表达不同意见，促进双方加深了解。想象一下，在进行了一场有意义的对话之后，两个人相互增进了了解，更加敬重对方，关系更加密切，但是仍然各持己见。这与回避对话、拒绝了解是很不一样的。

问：如果我们决定勇敢地开展对话，如何克服脆弱，做到有礼有节？

答：我给我的高管和研究生学员的重要建议之一是：清晰地说出自己的真实意图。想想看，你们讨论的是什么，你们真正想说的是什么？这听着貌似容易，实则很难。“意图”表明了这个问题对当事人之所以如此重要的最深层的原因。我们必须了解什么对我们来说是真正重要的，而且为什么对另一方也同等重要。举例说明，两个家庭成员为筹划一次家庭聚会的事吵得不可开交，其中一方（或许两方）的真实意图可能是如何通过聚会的组织安排让全家人的关系更加密切融洽，而不是表面上争吵不休的那些细枝末节问题。把我们的真实意图说出来，并不意味着我们就能迅速达成一致的意见。但是，这样做能帮助我们在意见不一致的时候开展有效对话，更深入地了解对方的动机和关注点，保持或者建立融洽的人际关系。

问：当我面对冲突，感觉焦虑或者害怕的时候，我采取的最糟糕的一种防御手段是“把对方摆在证人席的位置”。我好像化身为刻薄的律师，用对方的行为证明自己，而不是聆听对方。比如，“上星期你那么说，现在你这么说，你现在说的是谎话还是上次说的是谎话？”这很可怕，而且结果很糟糕，但这就是我追求“坚持正确”的做法。有什么解决办法吗？

答：这种做法很普遍。但是如果你希望把分歧转化为一次建立良好关系的契机，那么你就需要区分过去、现在和未来。如果抱着过去发生的事不撒手，反复纠缠，就很容易陷入没完没了的“你说……我说……”。纠结过去发生了什么或者没发生什么，或者过去发生的什么事情导致了今天的局面，通常会加剧冲突，伤害你们之间的关系。第一个关键步骤是：把关注焦点转移到“现在是什么情况”。当我们关注未来的时候，最重要的转折点就出现了。我们想要实现什么目标？想让我们的关系变成什么样？如果都是为了实现这个目标，但我们的意见仍不一致，我们又需要做些什么？在未来，我们想让我们的家、我们的团队或者我们的行业变成什么样子？这个关注点的转移并不需要我们保持意见统一，但它可以帮助我们理清思路，明确共同的目标，携手共创未来。

问：我喜欢你的说法“冲突转化”，而不是“解决方案”，这让我感觉更有人情味。你怎么看待这两者之间的区别？

答：我在所有的研究中选用的都是“冲突转化”这个概念，而不是以前常用的“冲突解决”。对我而言，后者意味着需要倒回到事情的前因，这就暗示一方将是胜者，而另一方是输家。分歧如何解决？谁的解决方案“更佳”？相反，我选择关注“冲突转化”，也就是说，通过创造性地跨越对话中的分歧和不同意见，我们有机会创造一些新的可能性。从最低限度来说，我们比以前更了解对方了。理想的话，我们可以找到以前从未想到的新的可能性。冲突转化事关促进深入了解，需要我们换位思考，无论意见是否一致，这种方式最终会帮助我们建立更加融洽紧密的关系。

问：最后一个问题！在别人表达观点的时候，我大部分时间会花在准备自己的论述上。我希望做好“反驳”的准备，但我不喜欢别人也这么对我。我能分辨得出他不是真的在认真听我说话，这种感觉很糟糕。在冲突进行时，你是如何做到缓和的呢？

答：在冲突转化式交流过程中，最基本的，也许也是最有勇气的一个步骤是：你不仅要坦诚开明，还要带着了解对方想法的意愿认真倾听。我也是这样告诉我的学生的。与人交谈不畅时，你需要说的最能体现勇气的一句话就是：“再跟我说说”。在你想换个话题、结束谈话，或者像你说的“反驳”对方时，你同样有机会问一下自己，是否还有什么需要聆听的，以便充分了解对方的观点。“请你告诉我为什么这一点对你很重要？请你告诉我为什么你不赞同某个观点？”然后，你必须认真倾听。真正的倾听，与赞同不赞同无关。我们希望他人认真听我们说话，理解我们。同样地，我们也必须学会倾听，以便更好地了解他人。

在痛苦中涅槃

我想用对维奥拉·戴维斯的一段采访来结束这一章节。我们知道，维奥拉是通过她在《帮助》《逍遥法外》和《藩篱》（这部片子令她获得了奥斯卡最佳女配角奖）中的表演为大众所知的。她是第一位获得三大表演奖项的黑人演员——艾美奖、托尼奖、奥斯卡奖。2017 年，她被《时代》杂志评为全球最有影响力的百位名人之一。

维奥拉的故事例证了面对痛苦时勇气的巨大力量、恐惧来临时的脆弱感以及生命和爱如何携手，最终帮助她找到真正的归属感。

我问维奥拉，她是从何时开始寻找真正的归属感的，她说：“我在生命前 3/4 的时间，感觉自己就像圆孔里的一颗方桩钉。首先在生理上我就感觉自己跟周围格格不入。我在罗德岛的爱尔兰天主教地区长大，那里的女孩子都是白皮肤、金色长发，而我是黑皮肤、卷发，口音也跟其他人不一样。我不漂亮，还有心理创伤。我在一个贫困不堪的家庭中成长——我父亲常年酗酒，还有暴力倾向。十二三岁之前，我还在尿床，所以我身上一直有股难闻的味道。老师们经常抱怨我身上的味道，他们把我送到医务室。那个阶段，我一无是处。我就是从那时候开始寻找真正的归属感的。

“归属感这个词对我来说就是生存：我能洗个热水澡吗？今天有食物吗？我爸爸会杀了妈妈吗？屋子里有老鼠吗？

“我没有办法——我背负着创伤、恐惧、焦虑，无力为自己辩解，我就这样长大成人。这一切都深深植根于羞耻感之中。我费尽心思隐藏起我生活中残酷的那一面，不让别人知道。我就这样机能失调地长到成年。”

我请她讲讲她的探寻归属之旅是如何迈出第一步的。她说：“我知道我害怕对抗，但是直到我开始接受治疗，我才认识到为什么焦虑会让我无法勇敢说出自己的感受。有一次，有个人对我做了很可怕的事，我本应该反抗的，但我没有。就在那个时刻，我意识到我仿佛闪回到了 14 岁的自己——我抱着小妹妹，爸爸在用一支铅笔扎妈妈的脖子，我大叫：‘住手！把铅笔给我！’他照做了，停下来把铅笔给了我。当时我只是个孩子，但我却不得已去跟一个成年人对抗。在我必须具备这种能力且准备好之前，我就不得不站在这样的强势位置上了。我付出的代价是恐惧。”

从对旷野充满恐惧，到勇敢迈入旷野，再到成为旷野之境，维奥拉正是一个成功的案例。我想知道这种转变是如何发生的。

“在我38岁那年，情况又发生了变化。有天早上，我没有起床，一切很完美。我知道我一直很坚强，但我想要那种‘快餐式快感’——快速、简单的快乐，我有了更多的方法和小伎俩。我也可以回到当初那种‘你什么都不够好的样子——不够漂亮，不够瘦，不够优秀’。有一天，我的治疗医生问了我一个关键的问题：‘如果什么都没有改变——你的相貌、体重、工作情况都没有变化，你可以接受自己吗？’你知道吗，平生头一回，我认为，没问题，我能接受！是的，真的没问题！那个时候，我才意识到我的人生不会被过去所限定。我还嫁了一个很棒的男人，他了解我，他是上天对我不懈努力的赏赐。他很善良，最终让我变得柔软，敞开心扉。”

我问她：“当你做回你自己的时候，总会有些批评的声音，你是怎么应对的呢？”

维奥拉答道："演艺界很残酷，对我可能就是几句简单的评语，例如'你不够有吸引力！你太老了，皮肤太黑了，也不够苗条'。这些磨炼让我变得更强大，不会轻易被外界影响。但人们没有告诉我的是，内心强大可以让我免受外界事物的影响，同时也会影响让自己释放内在的感受，比如爱、亲密、脆弱。我不想这样。让自己内心强大也不再行得通，我希望我是透明或半透明的。别人的缺点和批评与我无关，我也不会把别人对我的评价当作负担。"

我不知道是否还有比她更刻骨铭心的案例，她一步步认识到自己的伤痛，坦诚面对自己的人生，又书写了新的结局，其中包括化伤痛为对他人的爱。

"父亲去世时，我在他身边握着他的手，"她说，"他死于胰腺癌。在他最后的日子里，我们重归于好了，我们很爱彼此。那时，妹妹和我会坐在他身边和他聊天，我们才知道原来他生前一直很厌恶他的工作。几十年来，他在马场刷洗马匹。我们以前从不知道他不喜欢这份工作。他只有小学二年级的教育水平，还当过门卫。我们从来不知道他是那样看待他的工作的。想到他就这样煎熬了一辈子，他所承受的痛苦让我们很感慨。有一条不言而喻的规则是，只有值得传颂的故事才会被写进历史。实际上并不是这样的——每一个故事都很重要。我父亲的故事也重要。每个人的故事都值得讲述，也值得让别人听到。我们都需要被关注、被尊敬，就像我们需要呼吸一样。”

维奥拉就是一片“旷野”。我问她对于践行真正的归属感是否有一套具体的做法时，她说：“是的，我有几条简单的生活准则：

- 我尽力做到最好。
- 我不再‘隐身’，我要让别人看到我。
- 我把一位表演教练给我的建议应用到了生活的每个方面：向前一步，不要害怕；全力以赴，无畏前行。
- 我对女儿不会有所隐瞒。她了解我，我也会跟她分享我的故事——关于失败、羞耻和成就的故事。她会知道，她不是独自一人在旷野之中。

“这就是我。”

“这就是我来的地方。”

“这就是我的困境。”

“这就是做我自己。”

第五章

实话实说，且有礼有节

讲真话的人和说谎的人可以说是一个游戏里的两个对立面。对于事实真相，他们持有各自的理解，且反应不一：一方是遵循真理的权威；另一方是藐视权威，拒绝实事求是。扯淡的人两者都不是——他不像撒谎者那样抵制真理的权威或反对真理，而且他根本不关心何为真理。因此，与撒谎相比，扯淡是真理更大的敌人。

——哈里 · G. 法兰克福

我要感谢卡尔·荣格，他提醒我们："矛盾是我们最宝贵的精神财富之一。"要不是因为这句提醒，我恐怕要被真正的归属感搞疯了。我喜欢"对胡扯的人讲真话"这个说法，我也信奉有礼有节，我只是觉得两者兼得有点儿困难。在这一章里，我们将探讨是什么导致一个人扯淡？扯淡通常有什么形式？我们深陷其中时如何保持有礼有节？

论扯淡

哈里·法兰克福是普林斯顿大学哲学系的荣誉教授。他曾在耶鲁大学、洛克菲勒大学、俄亥俄州立大学任教。2005年，他出版了《论扯淡》(*On Bullshit*)一书。这是一本很薄的书，讨论了何为扯淡、扯淡与撒谎的区别、为什么我们偶尔会扯淡。

我被法兰克福在书中提出的三个观点迷住了，他的观点精准地反映了我在研究参与者身上看到的问题。研究参与者说，他们在进行讨论和辩论时，如果情绪占据了主导地位，而且他们对事实缺乏共同理解，那么保持真实和正直就很不容易。首先，法兰克福分享了他对撒谎和扯淡的见解，本章开头引用的那段话已经阐释了他的观点：撒谎是对真理的藐视，扯淡则是对真理的全然无视。

第二，在我们不得不谈论一些我们不懂的事情时，我们会相当依赖扯淡。能认识到这一点对我们是有益的。法兰克福解释说，很多人坚信——我们对世界上发生的每一件事，都有必要发表评论或者参与意见。这直接提高了扯淡的数量。很多人觉得，对于所有事情我们都需要发表自己的观点，这简直太疯狂了。

我也很惭愧。我不记得去年别人问我对某个问题的看法时，我是否发表了意见。就算那个问题我不在行，讲不出什么深刻见解来，我还是会挺身加入思想辩论中，基于我对“我们”对这个问题看法的猜测讲点儿什么。我也不记得去年我问别人对某个问题的看法时，是否有人回答说“我其实不太了解到底发生了什么，请给我讲讲吧”。

我们甚至不愿费心去保持好奇心，因为“我们这边”的某个人已经有某个观点了。在一个合群、融入至上的文化氛围里——家庭、工作或者是大的社群中，“好奇心”被视作缺点，“提问”相当于有某种敌意，而不是像“勤奋好学”那样被珍视。

最后，法兰克福提出，扯淡在当代得以广泛传播有其深层次的原因：我们越来越怀疑，甚至认为我们永远不会了解事情的真相到底是什么。他提出：当我们放弃相信事实真相是存在的、是能找到的，也是可以作为可观察到的知识进行分享的，我们实际上就放弃了客观调研这个概念。这就像我们集体耸耸肩说："不管怎样，查出真相太难了。只要我说这是真的，就可以了。"

法兰克福对未来走向的敏锐观察在2017年得到了验证。他提出，一旦我们认为忠于事实没有意义，我们就会简单地忠于自己。在我看来，这种想法孕育了我们这个时代最大的几个扯淡问题之一——你要么是支持派，要么是反对派。

跳出非友即敌的思维模式

如我之前提到的，当下的人群分类或分化潮流背后，最主要的推手之一就是"非友即敌"观念的激增。这句情绪分明的台词我们四处可以听到，政治家或者电影中的英雄和反派，他们随时随地都会援引这句话。这是最有效果的政治分类器之一。虽然它在95%的时间里只是激情澎湃的胡扯。无论是否用心良苦。

贝尼托·墨索里尼就严重依赖这句台词——"*O con*

noi o contro di noi”，即“你不支持我就是反对我”。“9 · 11”恐怖袭击事件发生后的几周，乔治 · W. 布什和希拉里 · 克林顿对全人类宣称，要么与我们一起抗击恐怖分子，要么就是我们的敌人。布什甚至说：“每一个地区的每一个国家现在都需要做出你们的选择，你们要么是站在我们这边，要么就是站在恐怖分子那边。”这种现象也存在于我们熟知的故事里。在《星球大战：西斯的复仇》中，黑暗尊主达斯 · 维德对绝地武士欧比旺 · 肯诺比说：“如果你不站在我这边，你就是我的敌人。”

通常，我们在情绪压力极大的情况下会启动“非友即敌”的思维模式。我们的意图也许不是为了操纵舆论，但是会强调一个观点，即选择中立在现在的情势下是危险的。其实我赞同这个观点。我谨记于心的一句座右铭是埃利 · 威塞尔说的：“我们必须表明立场。中立只会帮助压迫者，而不是帮助受害者。沉默是鼓励施虐者，而不是鼓励被虐者。”但问题是，情感的诉求通常不是建立在事实的基础上的，我们害怕因选择而失去归属，害怕被他人看成是错误或者是问题的一部分。我们需要质疑各方立场是如何定义的。真的只有两个选项吗？这是正确的辩论框架还是胡扯？

在哲学中，“非友即敌”是一个错误的二分法，或者说是错误的两难困境，它旨在迫使人们表明立场。如果存在其他选项（通常都是有的），那么这个说法就是错误的，它实际上是把情感驱动的选择变成了武器化的归属问题，从中获益的永远是发起挑战、强迫人们在错误选项中做出选择的人。

跳出情境、反思过往的能力是批判性思维的基石，它同样需要勇气。充满好奇、提出问题属于超出确定性的动作。对于大多数人而言，即使“非友即敌”的要求听着很像超简版的胡扯，二选一仍然是一件简单、安全的事。这个论证设计的时候就设定了只有一个真实的选项——如果你沉默不语，那么就会被自动妖魔化为“对面战壕的敌人”。

唯一真实的选项是质疑辩论的设计，拒绝接受论证的那些条款。但是别搞错了，这相当于选择了旷野之境。为什么呢？因为论证的设计就是为了让不同意见消声，为了画出道道来消除辩论、讨论和提问——而辩论、讨论和提问是有效解决问题的必要步骤。

我们会为沉默付出极高的个体和集体代价。对个体来说，我们牺牲了正直；于集体而言，我们牺牲了不同意见。

更糟的是，我们放弃了有效解决问题的方案。那些不基于事实，由情感力量支撑的答案罕能为微妙的问题提供战略性的有效解决方案。我们通常不去设计错误的两难困境，因为在这种情形下我们会有意识地胡扯。只有当我们处于恐惧、情绪激烈、无知的状态时，我们才会依赖这种手段。不幸的是，恐惧、激烈的情绪以及无知同样是粗暴无礼行为的温床，这也是胡扯和粗暴无礼行为周而复始、无止无休的原因。

有礼有节，宽容大度

相较于对胡扯实话实说，跟撒谎开战更容易让人保持礼节。当我们在胡扯时，我们感兴趣的不是以事实为共同出发点。这会让辩论的进行难以把握，也让我们更加容易受到影响做出胡扯的行为，即：事实不重要，我的看法才重要。我们有必要记住阿尔伯托·布兰多利尼的“胡扯不对称原理”，也有人称之为“布兰多利尼法则”，他认为，“反驳胡扯所需要的能量要比制造胡扯多很多倍”。

有时，我们没必要大声说出“胡扯”，因为可能有人希望听到修辞性的语言，比如一句过于礼貌的恭维或者是有关我的德州家庭的“长故事”——下雪天，我牵着驴子，爬山去学校……但是如果风险太高，我们就必须对胡扯实话实说。我见过两种提升效率的做法：

第一种是尽可能宽容大度地对待胡扯。不要假设别人懂得更多，或者他们就是充满恶意、心胸狭隘的。在讨论进入剑拔弩张之势时，我们可能会因为自己没有见多识广的智慧而感到羞耻，这种“不够好”的感觉会让我们在谈话中开始胡扯。我们会认为我们的观点都是基于数据的，但实际上我们并不知道我们所说的话没有任何根据。另外，我们沉浸在自己的痛苦和恐惧中不可自拔，以至于对理解和认同的情感诉求占据了上风，事实和真相居于次位。宽宏大度、同理心以及好奇心（例如：你在哪里读到或听到这些话的？）对我们质疑所听所闻、发现事实真相大有帮助。

第二种做法是有礼有节。我在美国政府礼节协会（The Institute for Civility in Government）找到了他们对“礼节”的定义，这个定义反映了研究参与者对礼节的看法。协会的共同创始人卡桑德拉·达恩克和托马斯·斯帕思这样写道：

> 讲究礼节是对个人身份、需求和信仰的要求和关注。在这个过程中，我们不得贬低任何人。我们可以不认同对方的观点，但一定要尊重对方。我们寻求共识，开展对话，解决分歧，不带偏见地倾听，并教导他人同样这么做。礼节是，就算跟对方存在根深蒂固、强烈的意见分歧，我们也努力做到不转身离去。礼节是政治性的：一方面，礼节是公民社会活动的必要先决条件；另一方面，礼节事关争取人际关系权力，例如，确保每个人的发声被关注，没有人被忽视。

带着对胡扯、错误二分法以及礼节的探究，让我们来看两个真实的故事：第一个故事是我的一次经历，当时我被一个非常具有争议的问题卷入了“非友即敌”的局面，在一通胡扯的过程中，我努力保持着有礼有节；第二个故事是我如何深受自己的胡扯之害，无意中把我的团队置于“非友即敌”的境地。这两次经历改变了我。

错误的二分法

我很清楚我想要什么作为 14 岁生日礼物——我想要一些真正属于青少年的礼物，不是一件运动衫，也不是宠物石、列夫·加勒特的海报或者分趾袜。我的清单上包括：一套属于我自己的 Clairol 热卷发筒（那种塑料外壳的，可以装进旅行洗漱包的卷发筒）、滚石乐队的《有些女孩》磁带（我之前的磁带借给了一位朋友，结果被她哥哥拿去换了啤酒）、一条葛洛丽亚·范德比尔特牛仔裤，一双 Candie's 牌鞋子（那种摇滚风的一脚蹬高跟鞋，所有酷女孩都喜欢穿）。

结果，生日那天，我收到了热卷发筒、一条 Lee 牌牛仔裤和一张滚石乐队的其他专辑。我父母说，如果我想要葛洛丽亚·范德比尔特或者 Jordache 牛仔裤，我就要找份工作；如果我想要在 20 岁前穿 Candie's 牌鞋子，我可以换一对父母。在我准备回房间大声播放滚石的《驮兽》磁带之前，父母又给了我一个“惊喜”——还有一件礼物。从盒子包装看，这不是 Candie's 品牌的东西，但父亲的兴奋感染了我，我迫不及待地拆开了礼物。

电池加热袜子！大大的灰色羊毛电池加热袜。我当时看上去肯定很蒙圈，因为紧接着父亲解释说：“来吧，孩子，这是为狩鹿准备的！你的脚再也不会冷了！”

这让我感觉很糟糕。那一刻，我知道我永远也用不上这双袜子，但是我不知该如何对父亲说。我不喜欢狩猎。

在以前参加的所有外出狩猎活动中，我从未射中过一头鹿，我就是做不了这种事。打只鹌鹑、鸽子之类的还行，但我永远不会射死一头鹿。对我来说，外出狩猎就是白天缩在寒冷的帐篷里进行漫长的等待，晚上和表兄妹们一起裹着冰冷的睡袋睡觉。

之后，我再也没参加过外出狩猎，也没穿过那双电池加热袜子。但后来，我慢慢认识到，狩猎是我成长过程中的一个重要部分。即使我不再参加狩猎，我仍然能感受到不同季节来临时，家里洋溢的那种兴奋和期待。那些日子就像生日和节日，有很多亲戚朋友来家里做客，还有各种好吃的食物。

我父亲对于狩猎有一套严格的规矩：你只能猎捕你的狩猎执照上允许的猎物，你不打算吃掉的动物绝对不要碰。这些规矩在我们家是没有商量余地的，父亲也绝不容忍战利品式狩猎。

于是，我们就像开了一家阿甘式鹿餐厅——有烤鹿排、鹿肉肠、炖鹿肉、鹿肉干、鹿肉汉堡。没有比猎人们从猎场满载而归更让人开心的事了。二三十个人挤在我们家或者我婶婶家，一起处理鹿肉，做墨西哥玉米粉蒸肉，讲故事，乐个不停。我父亲是六兄弟中年龄最小的，我还有

24 个堂兄妹。家里有很多张嘴要吃饭，所以打猎和钓鱼是很实用也很必要的，对我们大多数人来说也是很好玩的。

而且，我们都有枪。在我上二、三年级的时候，我们这些孩子就有气枪了。到了五年级，我们开始狩猎，于是就有了打猎用的来福枪。枪支安全可不是开玩笑的事。事实上，我们必须先学会拆枪、清洁枪、把枪装回去，才被允许使用枪。

在打猎生活中长大的我，对枪支会有很不一样的认识。这不是电子游戏——我非常清楚这一点，也能感受到枪支的杀伤力。现在有些人对待自动枪支和大型枪支的态度就像是看待玩具一样，但对于我父亲和跟着去打猎的人来说，他们的态度很明确："你想使用那种枪？好啊，你去参军服役吧！"

现在，我也是一名母亲了。回想过往，我发现，与狩猎和枪支使用的规矩同样重要的，是父母完全不允许我们观看电视上的暴力节目。直到 15 岁，我才被允许观看必须在家长指导下才能观看的电影。浪漫化暴力行为是不可能的。当时还没有暴力内容的电子游戏，但我能想象得到我父亲会如何看待电子游戏。

我热爱这一家庭传统，也为此深感自豪。而且，跟大多数孩子一样，我以为所有在狩猎和枪支文化下长大的人都会遵循类似的规矩。但是当我再大一些，我发现事实并非如此。随着枪支管制变得越来越政治化和两极分化，我对反枪支管制的游说也越来越怀疑。美国枪支协会在我的记忆里是应该跟枪支安全教育、荣誉徽章以及公益双向飞碟比赛有关的组织，但是现在我感觉都不认识它了。为什么他们一方面把自己定位成我们这样家庭的代表，一方面又不对枪支设置任何限制或规范呢?

抛开我的信仰，我的家人开始支持反枪支管制游说，我的很多朋友和同事却开始攻击、中伤拥有枪支的行为。我很快就意识到，在这个问题上，我没有自己的意识形态基地或者团体，我没有合适的“旷野之境”的语言来描绘我这种孤立的感觉，但这确实属于旷野之境。

去年，我在一个活动上做分享，其间我提到了我父亲和我想教我儿子学习双向飞碟射击。一位女士惊恐地说道：“天哪，你居然是枪支爱好者！你给我的感觉可不像美国枪支协会会员的风格。”如果你从她的话里读出了攻击和尖刻的味道，那说明我的表达准确到位了。当时她的脸上满是厌恶和嫌弃。

我对那位女士说：“我不太明白您说的‘枪支爱好者’

和‘美国枪支协会风格’具体是什么样子的。”她在椅子上坐直了身体说：“如果你教你的孩子使用枪支，我认为你就是支持拥有枪支和支持美国枪支协会的。”

看，这就是错误的二分法。

如果我支持拥有枪支，那么我就是在支持美国枪支协会？不，我不接受这个说法。

我研究了过去20年来的反枪支管制游说组织，美国枪支协会是把恐惧和错误二分法运用得最极致的。今天，美国枪支协会一再使用的语言是“他们”，并强推“他们对我们”，这是一个不祥的预兆。在他们看来，应该允许任何人随时随地购买任何型号的枪支和弹药，不然，坏人会闯入你的家，抢走你的枪械，破坏你的自由，杀害你的爱人，最后终结美国。“他们追过来了！他们来了！”这是我听过的最大的扯淡。因为有人告诉我说：“如果你有枪——任何枪支，那么你也有可能成为那个在恐怖的大规模枪击事件中扣动扳机的人。”不，这不对！

我强忍着，深吸一口气，然后微笑着说：“你这是‘买一送一’的假设。我支持负责任地拥有枪支，但无论从哪个角度来说，这都不代表我支持美国枪支协会。”

她看上去生气了，也不理解我的话。“现在发生了那么多校园枪击案，我实在不理解你为什么不支持枪支管制！”

别这样，姐姐。

“我绝对支持常识意义上的枪支法，我相信背景调查和审查等候，我不认为出售自动武器、超大弹夹、穿甲弹应该合法化，我不支持校园携枪。我……”

那位女士怒了，她恶狠狠地说道：“你要么支持持枪，要么反对。”

那时，我已经开始准备写这本书了，因此我说出了一直存在于我内心但害怕说出来或者找不到词汇表达的话。我鼓足此生最大的同理心对她说：“我知道，这个问题很复杂，但我觉得你没有听清我的意思。这个问题不能被压缩成‘支持还是反对枪支’，这种辩论我不参加。这个问题太大了。如果你想多聊聊，我很愿意，但是我不会惊讶同样的问题会令我们恼火或者吓到我们。”

她站起身，气冲冲地离开了会场。她估计会恨我的。跟我们站一块儿的那群人可能也会恨我。你也可能恨我，谁知道呢？事情不是总像某些电影里那样有一个皆大欢喜的结尾，但是，如果这就是现实，那么我接受。

为什么我会接受这样的结局。我当然知道，那一刻我可以把自己定位成人群里的“甜心”，说点儿好听的话。我可以背弃自己的真实信仰，瞬间成为英雄式的人物。我完全可以避开冲突。不用成为夏洛克·福尔摩斯，你也能看出来，当时在场的那群人都对枪支不感兴趣，至少他们不想谈论这个让人不舒服的话题。我也可以选择沉默，或者失控发怒。但是我没有，我仍属于我自己。我尽力去拆穿这种二选一的争论，我选择跳出安全的意识形态掩体，把自己暴露在众目睽睽之下。而且，我言行得体，我对那位女士和我自己都很尊重。

我犹如孤身站在旷野，但我感觉很好。我可能不受欢迎，这感觉有点儿不妙，但我坚守住了自己的原则。人们可能觉得我的回答或者我乐于开启一段艰难对话的想法背叛了他们，但是，最重要的一点是，我并没有背叛自己。你明确地知道自己可以独闯旷野，知道你可以忠于自己的信念、信任自己，最终从旷野中走出来——这就是真正的归属感。

要友善，也要坦诚

很多人可能会吃惊，除了研究工作，我还领导着四家公司，有一支 25 人的团队。它们是勇敢领导者公司（Brave Leaders Inc）、大胆知行公司（The Daring Way）、大理石罐商店（The Marble Jar Store）以及布琳·布朗教育研究集团（Brené Brown Education and Research Group）。其中一个团队负责我的活动发言，一个团队运营“大胆知行”（我们用来帮助专业人员的培训项目），一个团队协调所有的志愿者和公益工作，一个团队运营商店，一个团队负责社会工作实习生项目，还有一个消费者体验及研究团队，一个数字内容设计制作团队和一个负责处理任务和运营工作的核心团队。

我们的使命是：“依循我们的价值观，与我们关爱的人一起做我们热爱的工作，让人们变得更勇敢。”每次走进办公室，我都忍不住感慨——我太幸运了，有这样深爱我们的工作、深信彼此的团队。大部分的时间我都跟决策团队的员工在一起，他们是查尔斯（我们的首席财务官）、默多克（我的经理人）和苏珊娜（总裁兼首席运营官）。

大概一年多前，我被各种事压得喘不过气来——写作、巡回演讲、授课，各种业务的日常运营、研究等。决策团队在加尔维斯敦召开了一个紧急外出会议，看看能否找到好的解决办法，之前的情况显然是不可行的。那天，斯蒂夫也放下他的工作，加入了我们。他想保证事情有所改变，因为他知道对我来说，放手放权是个很纠结的决定。5分钟前我还是一个人，有一本书和一个博客，然而 5 分钟后，我突然成了公司的首席执行官和总裁。一切发生得太快，信息量太大，我蒙了。

我们总共有 12 人参加了加尔维斯敦的会议，包括决策团队的 4 个人。会议主要有三项议程：

- 整理我手头的所有工作，区分哪些工作可以交出去给其他人。
- 制定战略，帮助我脱离困境。
- 列出我脑子里的所有想法、计划以及战略，评估其重要性。

会议开了两个小时后，有人提出一个解决办法——引入“办公室主任”这一职位。当然，当我听到这个词的时候，我想到的是《白宫风云》里巴特勒总统的办公室主任里奥·麦克嘉瑞。我哈哈大笑。但是很快，大家对这个主意兴奋起来，我看到了希望。讨论了半个多小时，一位团队成员自告奋勇表示愿意转去做这项工作。那一刻，我感受到的轻松和激动比我一整年里感受到的还要多，我甚至有点儿泪目了。我完全赞同这个想法，我身边的人都能感受得到。

我是个情感丰富而又强烈的人，但抛开我喜欢幽默也喜欢捧腹大笑的特质，大多数人会把我描述成“一个相当严肃的人”。最初听人说我严肃时，我感觉有点儿受伤。我一直觉得自己属于活泼健谈、精灵古怪的类型，就像梅格·瑞安在《情定巴黎》中表现那样。后来我跟斯蒂夫核实我的个性变形，他确认说：“和善有趣，是的。活泼健谈且精灵古怪，不是。严肃，一直都是。”

我的团队跟我分享了一个反馈——有时候，当我对一个想法充满激情的时候，那场景就像进入了“布琳风洞”，简直让人站不稳，更说不出话来。这个办公室主任就像是我的救生员，而我现在是最大的赢家。看谁还再提风洞！我环视了我的团队一圈，说：“一切都会改变，我们现在就开始吧，只争朝夕！”

我在决策团队成员的脸上看到了一丝顾虑，但那时我就像从绝望中逃生而出，正感到万分欣悦，就没把我看到的情绪回落当回事。我深吸一口气，说：“我们要么现在就开始干，要么假装明天会更好——虽然我们知道事实并非如此。”

房间静了几秒钟。我把笔记本翻到新的一页，在页首写下“办公室主任”，然后开始罗列交接事宜。我要把能转给这个人的工作职责列出来，这样我就可以找回点儿平衡。当我再抬起头时，看到苏珊娜举起了手。

我乐了，感觉有点儿滑稽——她没有直接发言，而是先举手。我看着她，说：“你有什么要说的吗，苏珊娜？”

苏珊娜的脸有点儿红，但她的眼神和语气很沉着。她说：“我想提醒在座的各位注意，尤其是决策团队，我们之前有过决定，就是永远不要由一群人来决定雇用某人或重新分配职位。我们承诺过，做决定前动作要慢一点儿，而且要在更小的范围里讨论相关事宜。”

我满心的希望、满怀的踌躇满志立即消失了。斯蒂夫后来跟我说，他此生从未见过有人如此泄气。我盯着苏珊娜。很快，我的失望转化成了气愤。在我开口说话前，苏珊娜又说：“我不认为只有两个选项——要么现在决定，要么假装明天会更好，虽然我们知道并不是这样。我们会继续想办法解决这个问题。而且，我觉得我们应该恪守约定，不在事先约定好的某些情况下做出决定。”

我们决定休会。我走到洗手间，哭了起来。我太累了，我太需要帮助和支持了。哭了 5 分钟后，我又发自内心地感激苏珊娜。她是对的。我讨厌放弃神奇的魔弹，即使我知道它出现的时候散发着扯淡的味道。非常时刻要用非常手段，而非常手段通常是扯淡的温床。

我出来的时候，苏珊娜在门口等着我。我感谢她的勇敢发声。她让我放心，说她明白现在的情形对我很糟，无论是对工作还是对所有人都很糟，这种情况必须有所改变。她保证，我们能够一起找到一个新的解决办法。

苏珊娜也认为那个时刻是我们共事以来最艰难的时刻之一。于她，质疑我的决定绝对是闯入旷野之境——她也感到孤单、脆弱、恐惧。坦率地说，她在会上举手要求发言的时候确实是孤单一人。于我，那一天让我意识到，任何事我都可以信任她。之后，我提拔苏珊娜为布琳教育研究集团的总裁。如今，她负责所有业务的日常运营。她非常了不起！

当我们的团队开始理解、建设提倡真正归属感的文化的重大意义时，也有过同样的经历。如果领导者真的希望大家站出来，大胆发言、冒险、创新，他就必须打造让大家感觉安全的企业文化——员工不会因为把想法说出来而受到威胁。当他们决定勇闯旷野之境、独自伫立、实话实说的时候，他们会得到支持。

此外，礼节在工作中的重要性很容易被低估，但是最新研究显示，无礼对团队和组织的伤害后果极其严重。乔治城大学管理学副教授克里斯蒂娜·波拉斯写道："无礼可以分裂一个团队、破坏协作、击碎团队成员的心理安全感，并且降低团队效力。轻视的、伤人的言语、侮辱以及其他粗鲁的行为，都会打击员工信心、磨灭双方的信任。并且，非目标人群同样会受到影响。"她引用了自己的研究以及其他研究来证明，推行有礼有节的准则有助于打造高效的、运行更佳的团队。

因为这项研究，我有幸采访了美国国家橄榄球联盟的教练——西雅图海鹰队的皮特·卡罗尔。我问他，建设具有真正归属感的组织文化有什么挑战。他的分享在我看来是对勇敢领导力的深刻见解：

> 毋庸置疑，管理"合群、融入"式文化会更容易——你设立标准规则，用"反抗或者闭嘴"的方式带领队伍。但这样你会错过真正的机会——尤其是帮助你的队员们找寻人生目标和意义的机会。当你推行的是"合群、融入"式文化，你便放弃了帮助人们找到个人发展动力的机会，那些源自人们内心的东西。带领队伍走向真正的归属感意味着建设赞美个性的企

业文化。对领导者而言，理解队员们的尽力而为是最有意义的。我作为带队者的工作就是发现队员们的独特天赋和贡献。强大的领导力就是引导员工坚定地相信自己。

拒绝暴力

有时，礼节的表现形式是尊重和宽宏大度。最近，我和哈丽雅特·勒纳博士共同主持了一场线上课——关于如何真诚、由衷地表达歉意以及如何接受道歉。我很受震撼。我觉得我们应该通过类似奥威尔电视台那样的频道把这些有关礼节的课程播放出去，让全美国的人都来学习这些技巧——我们太需要了！

哈丽雅特邀请我尝试不带免责声明和例外条件地倾听和道歉。在这个过程中，我认识到，在全副武装进入战斗状态的情况下，我情愿选择坚持正确的做法，而不是与他人维系良好关系。我想赢，我也喜欢做正确的事。

我们需要坚持做正确的事，尤其是在我们感觉敌意环伺或者受到攻击的时候，这种需求会被放大。一个文化示例就是政治正确。“政治正确”这个概念以及对这个概念的讨论自始至终就是失控、难以驾驭的。此时此刻，这个名词更加富有深意，所以我觉得谈论包容性语言会更有意义。

鉴于我们对去人性化的了解，我相信使用包容性的语言极为重要，绝对值得关注，而且它是礼节的一项重要功能。我们通常会在一些大的政治争论上争相表态，却对日常点滴视而不见。举个例子，你被诊断出患有焦虑症，你的孩子被诊断出患有注意力缺失紊乱。如果你听到你的医生说“我下午两点看完焦虑症，下班前又要看注意力缺失紊乱的孩子”，那么你的感觉是什么？包容性语言的倡导者不会拿症状代替你这个人。这对我们都很重要，没有人愿意自己被简化。

包容性语言运动的棘手之处在于，人们将使用正确的语言变为羞辱或贬低他人的武器。这种情况在研究中一再出现。只要你愿意，礼节性的工具也可以成为武器。在下文中我将与你们分享几个故事。

第一个故事的主人公是一位 20 多岁的年轻人。他平时住在洛杉矶，有一次他开车去纽波特市看望他的父母。他说，早上开车在路上的时候，他对自己说一定要对父亲更耐心、更容忍，因为他俩的父子关系已经紧张很长时间了。

下午，他到了父母家，站在厨房里跟父母闲聊。他问父亲：“新邻居怎么样？”

父亲说："我们很喜欢他们。我们已经几次邀请他们来家里吃晚饭了，我们现在都成为朋友了。下周他们会给我们做晚饭。他们是东方人，那位女士会做很特别的饺子。你妈妈很期待呢！"

听了这话，他立刻对父亲展开了攻击："东方人？爸爸你是在开玩笑吗？你不会有种族歧视吧？"

他父亲还没来得及回应，他继续说道："'东方人'是一个种族歧视词汇！你知道他们到底是从哪个国家来的吗？地球上就没有'东方'这个国家，太令人尴尬了！"他的父亲愣住了，他没有回应，只是低着头站在厨房里。等父亲再抬起头来时，他眼中含着泪，说："我很抱歉，孩子，我不知道我做错了什么让你这么气愤，我好像什么都做不对，我的所作所为和我说过的话对你来说总是不够好。"

一片沉寂。

他的父亲接着说："我会留在这里听你说我是怎样的一个笨蛋，但是我今天开车带着那位你认为我理应厌恶的邻居，去接她做完白内障手术的丈夫了。她不会开车。今天早上，她丈夫是乘坐出租车去做手术的。"

在采访中，这位年轻人告诉我，当时他不知道该说些什么、做些什么，他在父亲离开厨房之前扭头走开了。

第二个故事发生在我身上。有一次，我给 200 多人讲一场为期半天的课，是关于羞耻感的韧性（很讽刺）。课上到一半时，我们中场休息了一会儿。我在那里翻看笔记，忽然，一位女士走过来对我说："我不知道该怎么说，但今天上午你让我非常受伤！"

我愣住了。时间仿佛慢了下来，我好像进入了隧道视觉模式——这是我的常见羞耻反应。我还没来得及张嘴说话，她就说："你的工作改变了我的生活，挽救了我的婚姻，影响了我的孩子们！我今天来，是因为你是我生命中的重要导师。但是，你才讲了 15 分钟，我就听出来你是一名反犹太分子。我信任你，但你却是一个骗子！"

羞耻感如暴雨倾盆啊！噩梦来临。

我勉强挤出一句话："我不明白你在说什么。"

她说："你在讲述的时候，说你感觉'很吉卜'（really gypped）。"

我还是没理解。我又重复了一遍："我不明白你在说什么。"

她提高了嗓门："吉卜！吉卜！吉卜！你不知道吗？你觉得应该怎么拼写'吉卜'（gypped）？"

这个问题很奇怪，但那时我已深深地陷在羞耻的地洞里，说不出什么有帮助的话语，比如“我知道你很生气，我们来谈谈吧”。我停顿了一秒钟，在脑子里念出这个词的发音，试着找到一个拼写接近的词。我唯一能想到的是杰夫（Jif）花生酱（当然了）。我说：“嗯，是 J-I-P-P-E-D。”

她喊道：“不是！这世上没有 J-I-P-P-E-D，只有 G-Y-P-P-E-D，就像‘吉卜赛’（gypsy）——这是贬低吉卜赛人的反犹太主义词汇。”

我真不知道。我的脑子一片混乱。我是在那种噩梦的场景里吗？真相暴露，我失去了控制？我真的憎恶吉卜赛人吗？我是乔装成好人的社工，实则是对吉卜赛人心存憎恨的卧底吗？

不，我真的不知道。我不清楚。

我猜我的表情显示出我确实不知情，也没有撒谎。因为接下来她说：“天哪！你不知道，是吗？你不是故意的，对吗？”

那一刻，我瞬间泪崩。

“我非常抱歉，我不知道，我向你道歉。”我对她说。

她拥抱了我，我们又聊了几分钟。当所有人回到课堂时，我向大家解释了我学到的教训，并就使用那个词汇向所有人道歉。但诚实地说，整个下午我都没恢复过来。

对那位去看望父母的年轻人来说，他其实可以很简单地说："爸爸，您知道吗，现在人们已经不用'东方人'这个词了。语言发展变化得很快，我想我应该让你知道。"如果他想表现得更具同理心，他还可以说："我自己也是每天都在学习。"

如果我的研究工作对参加会议的那位女士真的意义重大，她可以更加宽容地看待我的过失。她可以说："我不确定你是否知道，'吉卜'这个词是一个对吉卜赛人有成见的、很伤感情的贬义词。"如果是这样，我会非常感激，而不是感觉羞愧。

我不认识她，但我想知道我是否说了什么伤人的话语。我希望自己友善、有礼有节，因为我非常清楚语言的力量有多么强大。这会导致尴尬吗？是的。当你不得不告诉人们，为什么他们的用词很伤人。这令人郁闷吗？是的。谈论这些问题需要冒险闯入旷野之境吗？是的。但它同样需要我们保持脆弱之心，而在我们化言语为武器的时候，保持脆弱之心是如此难能可贵。

勇敢七大原则（BRAVING）

实话实说、有礼有节，始于我们了解自己，了解那些让我们胡扯或者阻碍我们保持礼节的行为和问题。若要回到勇敢七大原则和信任清单，以下情况需要我们特别关注：

- **设定边界**（Boundaries）。哪些讨论可以，哪些有问题？当你意识到自己陷入胡扯的境地时，如何设定界线？
- **保持可靠**（Reliability）。胡扯相当于放弃可靠性。若经常胡扯，你会很难信任他人或被他人信任。
- **勇于担当**（Accountability）。如何让自己和他人少一点胡扯，多一些诚恳的辩论？少一点儿情绪宣泄，多一些有礼有节？
- **尊重隐私**（Vault）。有礼有节，尊重隐私。胡扯会忽视事实真相，为侵犯隐私打开大门。
- **正直真诚**（Integrity）。遇到他人胡扯时，我们该如何持身以正？在你即将脱口而出“你知道吗，我不确定这场对话是否有成效”或“关于这件事我想知道更多”的时候，你应如何打住？
- **不做评判**（Nonjudgment）。如何回避导向自己的评判？正确的做法是告诉对方：“事实上这个问题我不太懂，请给我讲讲，以及为什么它对你很重要。”我们如何规避“赢家或输家”模式，并且，当有人说“我对这个问题一无所知”时，你如何利用这个机会与他人建立良好的关系？

- **宽容大度**（Generosity）。你对他人最大善意的揣测是什么？若要做到更和善、更容忍，你必须设立哪些界线？

我知道实话实说的同时保持礼节似乎有点儿矛盾，但这二者都是真正的归属感极其重要的组成部分。卡尔·荣格写道：“生活充满矛盾，你无法真正理解。”我们是复杂的生物。每天醒来，我们都要面对被贴标签、被狭隘地脸谱化形象化，以至于我们的完整性不能得以充分体现。但是，如果我们不敢冒险走自己的路，说出自己的想法，如果我们被面前的选择逼迫成为我们不想成为的人，我们就造就了自己的断裂和孤独，并且将一直处于这种状态之中。当我们愿意冒险闯入旷野之境，甚至成为自己的荒野，我们将感受到与真我，以及与我们最珍视的事和人之间建立起最紧密的联结。

第六章

相信爱，和陌生人握手

我们现在面临着一种精神危机，而建立真正归属感的关键在于我们相信人与人之间密不可分的联结。这种联结——在我们之间以及每个人身上流动的精神——是不容切断的，然而，我们对人际联结的信念却时常遭到考验，并反复被割裂。我们相信那些植根于爱和慈悲的力量比我们自身更强大——一旦这个信念破灭，我们很可能就会撤回到自己的掩体，对他人心怀憎恨、恶语相向，贬损他人，最后具有讽刺意味地远离旷野。

也许这听起来有悖常理，但是，坚信人际联结不容分割是我们面对旷野之境最具再生能力的勇气来源之一。不论遇到什么样的反对和批评，我仍然坚持我认为正确的事。我知道，我会与我自己、与他人建立起密不可分的联结。当我们不相信人与人之间的关系密不可分时，旷野之境的孤独将令我们生畏，然后我们将继续待在我们的派系和回音室里。

我们知道，削弱我们对人际联结的信念、打压人们精神层面的相互承诺，不仅会导致日益极端化的文化，还会影响我们的日常生活。我最喜欢漫画《花生》里的莱纳斯，他喊道："我喜欢人类……最让我受不了的也是人类！"我们每一天都可能过得异常艰难，而我们身边的人会把我们推向崩溃和道德沦丧的边缘。

安放好你的心灵

关于这个话题，我喜欢佩玛·丘卓写的《这个糟糕的世界》。她对不断的抱怨做了强有力的类比。那原本是一段视频，我把文字转录下来稍做编辑，以方便大家阅读。

丘卓说：

> 这个糟糕的世界，糟糕的人们，糟糕的世道，糟糕的所有事……糟糕的天气……糟糕的一切等等。我们烦透了。这里太热了。那里太冷了。我不喜欢这个味道。我前面那人太高了，我旁边那人太胖了。那个人喷香水了，我对香水过敏……以及……哎！
>
> 这就像我们光着脚走在炽热的沙子上，或是光脚走在玻璃碎片上，或是光脚走在荆棘丛生的田野。你光着脚。你说："太难了！实在是太疼了！太可怕了！路太坚硬了，走起来太痛苦了……天太热了！"然后你有了个好主意——你决定把所有你要去的地方都铺上皮革，这样你的脚就不会疼了。

给你所到之处铺上皮革，这样你就可以避免疼痛，这就好比说："我要解决掉这个人和那个人，我要让温度变合适了，我要让全世界的香水都消失——然后我就没有烦恼了。我要把世界上所有令我烦恼的事情都解决掉，包括蚊子，这样我就会欢欣愉快、心满意足了。"

她停了下来。

我们笑了。但这就是我们在做的事，我们就是这样解决问题的。我们认为，只要我们能解决掉所有的问题，或者给它们盖上皮革，我们的痛苦就会消失了。这样做当然也可以，因为那样我们的脚就不会被伤到了。这符合逻辑，对吗？然而，这样做没有任何意义。假如给你的脚包裹上皮革，换言之，如果你穿上鞋子，你就可以自如地走过滚烫的沙子、碎玻璃片以及荆棘，你不会再感到烦恼。所以，依此类推，安放好你的心灵，而不是改变外界，这才是内心的平静之道。

也就是说，如果我们喜欢群居，却又总因身边的人而烦恼，而且我们又不能给所有不喜欢的事物"盖上皮革"，那么我们内心对人类联结密不可分的信念又如何得以培养和壮大呢？研究中浮现的答案令我震动。与众人一起体验集体性的欢乐和伤痛时刻，真情实景地见证了密不可分的人际联结。那些拥有最强的归属感的男性和女性，正是通过与陌生人一起经历欢乐和悲痛的时刻，从而愈加坚定地相信人与人之间的联结是密不可分的。简单地说，我们必须敢想敢做、大胆尝试，我们必须切实看到人们在一起享受生活的乐趣。当我们看到足够多这样欢乐的场景，我们就会相信这是真实的，它同样可以发生在每一个人身上。

捕捉人际联结时刻对我来说是一个外来研究的概念，但是随着进一步挖掘它的意义和表现形式，我发现了许多乐趣，它甚至比我迄今参与的其他研究都有意思。当我试图搞清楚它在现实生活中的具体表现时，我发现在进行这项研究之前，我不知道为什么我会如此看重那些集体性时刻——为什么我会去教堂、分面包、传播和平，和人们一起歌唱——这些人可能与我信念颇不相同；为什么我第一次带孩子们去 U2 演唱会现场的时候哭了，为什么在听到我最喜爱的歌曲时，他俩双双伸出手来握住我的手；为什么得克萨斯大学的校歌总能令我欢呼，让我高高举起“Hook' Em”牛角标志手势；为什么我教导我的孩子参加葬礼非常重要。当你在那里，你出现了。你参与了，每首歌，每个祷告——即使那是你听不懂的语言，也不是你信奉的教义，你也会感动至深。

我一直都明白这些时刻对我意义重大，它们关乎我的精神幸福。在我从事冷酷甚至破坏性极强的研究时，仍能让我对人性充满热爱。之前我不知道这一切是为什么，现在我明白了。下面让我们来看看集体性欢乐和伤痛的体验是什么。

你永远不会独行

几年前，我点开了 TED 平台“掌门人”及管理人克里斯·安德森的一条推文：

> 当足球=信仰。激动人心的澳大利亚版歌曲《你永远不会独行》（You'll Never Walk Alone）。

文中的链接是 YouTube 网站上的一个视频，95 000 名利物浦足球俱乐部的澳大利亚球迷聚集在墨尔本板球场观看一场比赛。两分钟的视频，整个体育场的利物浦队球迷一起摇摆着，齐唱这首著名的球队队歌，红色头巾在他们头上高高飞扬，眼泪在人们的脸上流淌。

我很诧异，观看这个视频的时候，我努力控制，不让自己的泪水流出来。这个视频有600万的点击量。你可以肯定，其中不只有利物浦的球迷，或者有些人根本就不是足球迷，他们观看的时候肯定也是热泪盈眶、激动不已。事实上，这条视频下面的第一条评论是一位昵称为“曼联球迷总统”的人发的——曼联是利物浦队最大的对手之一，这一条评论就是简单的一个词：“尊重”。

无论我们支持哪支球队，集体性欢乐的力量可以超越各自的阵营。

第二天，我和斯蒂夫决定要多拿出些时间看足球比赛、听现场音乐、看剧。在网络时代，我都快忘记现场的感觉是怎样的了。实际上，亲临现场的感觉超级棒！

每首歌都有一个故事

如果你的年龄与我相差不到10岁，而且也是在得克萨斯长大的，那么这两个人的名字会让你心领神会地面露微笑、思潮澎湃——乔治·斯特雷特和加斯·布鲁克斯。当我的妹妹——艾什莉和贝奈特，和我一起回忆我们的成长岁月——我们的前男友，我们最快乐的时刻和最糟糕的时刻，紧到必须用钳子才能拉上拉链的牛仔裤，还有冲天辫——而加斯 · 布鲁克斯和乔治 . 斯特雷特的音乐就是旧日时光的绝佳配乐。每个故事都有一首歌，每首歌都有一个故事。

去年，斯蒂夫、艾什莉、贝奈特、弗兰基（贝奈特的丈夫）、我和朋友罗达尔以及麦尔斯一起在圣安东尼奥观看了加斯 · 布鲁克斯和特丽莎 · 耶尔伍德的演唱会。更棒的是，由于罗达尔和加斯一起工作过数年，所以演唱会开始前，我们有幸见到了加斯和特丽莎。他们俩都很平易近人、淳朴热情。演唱会超级精彩——我们会唱每首歌的歌词，而且每个看过加斯现场演唱会的人都会告诉你，他是一位极棒的表演者。最激动的时刻是，我们一起跟唱所有人的最爱——《呼唤巴吞鲁日》。我们当时并不知道罗达尔把这个过程拍摄了下来。现在回头再看这个场景，我还是会忍不住热泪盈眶。

三四个月后，我和我妹妹、外甥女一起开车外出。我回过头对贝奈特说："来听《呼唤巴吞鲁日》吧！"

贝奈特 6 岁的女儿盖比说："不！我想听《第一》！我想听我们平时唱的歌！"

贝奈特笑道："'巴吞鲁日'就是'第一'。"

我和我的妹妹们承认，自从演唱会之后，我们就反反复复在听这首歌。演唱会前，我们三个人就已经有这首歌的光盘了，但是直到经历了演唱会上的共同欢乐和联结时刻，我们才开始每天听3遍这首歌。到底发生了什么？这首歌把我们带回到一个时刻。如果你看了罗达尔拍的视频，这个时刻就是纯粹的爱的时刻——对音乐的爱，对我们共同成长时光的爱，对彼此的爱。我们三人拥抱在一起，心手相连，激情澎湃地高声唱着：

接线员，能帮我接通电话吗？
我要把我的爱送去巴吞鲁日。

集体的光芒

我是个哈利·波特迷，这不是什么秘密。我的女儿艾伦是读这套书长大的，我们也常常是第一批排队购书和看电影的人。2009年，我们参加了《哈利·波特与混血王子》的首映。现场随处可见格兰芬多围巾、额头上用眼线笔画出来的疤痕以及印着“保持冷静，举起魔杖”的T恤衫。

这一部电影的结局很伤感——我们智慧而忠实的领袖邓布利多被杀害了。有一个场景是哈利趴在他身上哭泣。

邓布利多是霍格沃兹魔法学校的校长。对哈利而言，他是一个父亲式的人物，他是导师，也是哈利的守护者。就算你从未读过这套书，也没看过电影，你也可以想象这样一个场景：年轻的主人公失去了他像父亲一样的导师、人生的引路人。这是很多伟大故事桥段中的基本要素，也是被约瑟夫·坎贝尔称为“英雄之旅”的关键部分。

电影中，学生和教授聚集到了邓布利多的遗体周围。黑暗的天空中浮现出一张邪恶的脸，那是伏地魔的脸，是他害死了邓布利多。哈利把手放在邓布利多胸前，悲痛不已。这时，邓布利多的亲密朋友和同事，由玛吉·史密斯夫人扮演的麦格教授，冲着天空举起了她的魔杖。魔杖迸发出一束亮光。然后，一个接一个地，每一个学生、每一位老师都举起了他们的魔杖，一根根魔杖发出的光芒聚集成了一片星光，照亮了黑暗又压抑的天空。

我望向四周，那一刻，在远离霍格沃兹魔法学校的休斯敦的电影院里，200多个互不相识的陌生人，举起他们的手指向空中，泪流满面，仿佛举着想象中的魔杖。为什么？因为我们相信光芒。我们知道《哈利·波特》是虚构的，但是我们相信集体的光芒是真实存在的，而且力量强大。面对象征仇恨、偏执和残忍的黑色天空，我们聚集在一起，坚不可摧。

一起见证悲剧

我清晰地记得，1986 年 1 月 28 日那天，我开着车行驶在休斯敦的 1960 干道上。这是一条繁忙的四车道主干道，靠近我高中时曾经居住过的克莱恩郊区。我记得，当我经过一个交叉路口时，我看到很多汽车靠边停了下来，有些车甚至直接在路中央停了下来。我的第一反应是后面可能有救火车或者急救车要通过。我放慢车速一点点往前开，可观察了几番周遭的情况——从车侧镜、后视镜看、伸长脖子往后看，都没有看到任何急救车辆的灯光。

我缓慢开过停在路边的一辆小货车，望向车内，我看到一个男司机趴在方向盘上，双手捂着脸。我马上想到，“打仗了”。我在他前面停下，打开收音机，正好听到播音员说道：“再次播报，挑战者号航天飞机爆炸了。”

不！不！不！不！我哭了出来。我看到更多的人停下了车。有些人从车里下来。那情形如同人们迫切希望和其他人一起来见证这个悲剧时刻——他们不想成为唯一知道这个消息的人。

美国国家航空航天局（NASA）对休斯敦人而言，不仅仅是宇宙探索的指路灯塔，它也是我们的朋友和邻居工作的地方。克里斯塔·麦考利夫是第一位飞向太空的教师。所有地区的教师都是我们中的一员。

5 到 10 分钟之后，大家重新开始启动车辆。人们慢慢地回到正常交通中，但是大家都打开了车前灯。没人在电台中说“如果你在开车，请打开车前灯”，但是，我们本能地这么做了，因为我们都是悲痛队伍中的一员。我不认识这些人，也没跟他们说一句话。但是，如果你问我挑战者号灾难发生的时候我在哪里，我会说：“悲剧发生的时候，我和我们的人在一起——1960 干道上的人们！”

选择爱，共同分担

那一天，我们的孩子正在上小学一年级，其他人的孩子也是。悲痛、惊吓以及恐惧深不见底，无法估量——我们聚到一处，只为一个原因，就是相依在一起。我们不是为了搞明白那所离我们很远的学校到底发生了什么，我们从未想去弄懂。我们——邻居的几位妈妈、一些朋友，还有一些陌生人，所有觉得必须聚到一处的人，我们坐在一起默默落泪。那是 2012 年 12 月 15 日，康涅狄格州纽敦市桑迪胡克小学枪击案发生后的第二天，在那场悲剧中，20 岁的亚当·兰扎射杀了 20 名 6 至 7 岁的孩子，还有 6 名教职员工。

我曾经想：如果世界上所有的母亲可以分担一点儿受害母亲的悲痛，如果我们可以把她们的悲痛传到我们自己心里，那么我们愿意这么做。我们不能找一个帮她们分担的办法吗？我愿意分担一部分，即使这么做我的生活会被悲伤笼罩。

那天，我和朋友们没有开始募集基金。我们没有冲进校长办公室去询问如何加强安保措施。我们没有打电话给相关部门，也没有在网上发帖——这些事我们会在后续的日子里去做。在枪击案发生后的第二天，我们只是安静地坐在一起，什么也不做，只是安静地待着。除了偶尔的啜泣声划破沉寂，相互靠拢、共同分担悲痛和恐惧让我们感觉安慰。

一个人独自沉浸在对惨案的广泛报道之中，无休止地观看 24 小时新闻或者在互联网上浏览无以计数的相关文章，是让焦虑和恐惧偷偷溜进你内心，导致二次创伤的最快捷的方式。所以，枪击惨案发生后的第二天，我选择和朋友们在一起哭泣。之后，我又去了教堂，和陌生人在一起哭泣。

那时候，我并不知道，2017 年我会在一个为纽敦市康复中心筹款的活动上发言，并有机会和桑迪胡克枪击中受害孩子的家长们坐在一起。那晚，我在纽敦市听到的信息和平日里我在工作中了解到的信息让我清晰地认识到一件事：懂得如何与人一起共度悲痛时刻的人实在不够多。更糟糕的是，我们表示出来的不适很可能会伤害到当事人，并加深他们的孤立感。我开始相信，与陌生人一起哭泣可以拯救这个世界。

今天，你再进入纽敦市的时候会看到一条欢迎语：“我们是桑迪胡克，我们选择爱。”那一天，当我和邻居妈妈们坐在一个屋子里哭泣的时候，我还不知道我们在做什么，为什么这么做。今天，我确信：我们是在通过我们的小举动选择爱。

真实的联结

所有这些关于集体性欢乐和伤痛的例子都是神圣的经历，它们饱含人性，可以穿透人与人之间的差异，切入到我们的天性中。这些经历让我们了解到人类精神中真实和可能实现的部分，我们需要与陌生人一起共同经历这些时刻，以提醒我们：尽管我们在网络上或在真实世界中多么不喜欢某些人，但人与人之间仍然存在着密不可分的联结。我们不需要上千人的大聚会，乘坐飞机时与旁边的人交谈两小时也能让我们认识到人际联结的密不可分。

问题是，我们没有足够多地去经历这种体验。我们确实需要，但是主动靠过去，与他人共同经历欢乐和伤痛时刻又是容易让我们受伤的。于是，我们把自己武装起来，在音乐会上我们把手插进兜里，我们对着舞蹈翻白眼，或者在乘坐通勤车的时候戴上耳机，拒绝与人交谈。

为什么我们需要捕捉那些人性的光芒并心怀感恩？设想一下：如果你走进墨尔本的足球场，让观众停止唱利物浦队歌，然后开始讨论脱欧问题，你会有麻烦的；假设在电影院里，你打开灯，让哈利·波特迷和他们的家长一起来讨论公立学校、私立学校以及在家教育的利和弊，那么伏地魔会比你更受欢迎。

还有，假如没有挑战者号的灾难作为背景，你把1960干道上的人召集到一个房间，问他们美国政府是否应该增加国防开支、社会福利项目或者宇宙探索项目的预算，你认为你会看到人们之间互相拥抱拍肩吗？假如把加斯·布鲁克斯的演唱会变成一场政治集会，你看到的很可能就不是大合唱，而是比谁的尖叫声更大。所有这些假设只会令人们之间的分裂加剧，令人们的成见加深，认定人人都是截然不同的个体，各不相干。

然而，如果我们有更强的意愿参与到集体性欢乐时刻，与他人共同经历集体性伤痛——真正地身临其境，而不是在互联网上，那么我们就不会否认人与人之间存在密不可分的联结，即使是与我们观点不同的人之间，亦是如此。集体性情感迸发的时刻不仅提醒我们不要无视人际联结的可能性，而且让我们牢记什么是人类精神。

人类天生就是相互联结的。关键在于，在任何特定的时刻，这种联结都必须是真实的。

集体欢腾

1912年，法国社会学家埃米尔·杜尔凯姆（Émile Durkheim，又译作涂尔干）在他的著作《宗教生活的基本形式》中引入了"集体欢腾"这个概念。杜尔凯姆的研究始于他对宗教仪式的观察，他最初将之描述为一种魔力。杜尔凯姆解释说，集体欢腾是对人际联结和共同情感的体验，当我们成为强大事物的一分子时，"神圣感"就会油然而生。他还提到，在集体欢腾的过程中，人们对个体的关注转向了对群体的关注。

研究人员希拉·加布里埃尔、詹妮弗·瓦伦蒂、克里斯汀·纳拉贡—盖尼以及阿里安娜·杨最近开发并验证了一个工具，用来衡量“集体集会”（她们用这个词汇来描述类似集体欢腾的体验）对我们有什么影响。她们发现，这些体验有助于人们拥有一种“有意义、正向情感加强、社会联结感增强、孤独感减弱”的生活，这些因素都是健康、快乐生活的基本要素。

在 2017 年的论文中，她们写道：“这意味着，集体集会不仅是人们聚集到一处，通过观看一场比赛、一场音乐会或者一部戏来分散对生活的注意力，而且是人们与比个体更强大的事物建立联结，感知欢乐、社会联结、意义和安宁的机会。集体集会作为人类体验的一部分由来已久，当下的工作是要量化它给人类带来的心理上的益处。”集体聚会确实具有持续的影响——在具体的活动之后，人们继续保持着它所带来的社会联结感和幸福感。

我欣喜地发现，该项研究的领头人希拉·加布里埃尔最初是通过她研究生时期追“钓鱼”乐队的亲身经历开始研究集体欢腾这个概念的。我的弟弟是“感恩致死”乐队的粉丝，他也迷“钓鱼”乐队，所以我完全理解希拉的故事。希拉和她的团队揭示了风俗、朝圣和宗教节日在早期的宗教文化中具有重要的作用，以及人们现在仍然热衷于参加抗议活动、体育赛事和音乐会的原因。我们希望自己的生活具有更多的意义，更多与他人联结。

在对研究参与者的采访中我们发现，音乐是集体性欢乐和伤痛最有力的召集方式之一。它通常是宗教活动、庆典、葬礼以及抗议运动的核心。2012 年至今，我带领上千名观众在波特兰的主导世界峰会上跟唱“旅行”乐队的歌曲，我从未怀疑过音乐是集体性欢乐最有力的表现形式。现在我还能收到活动现场参与者的来信，其中一封电邮可以代表活动后与我联系的大多数人的共同感受：“我试图描述当天在现场的感觉，但就是找不到合适的言语来形容。真的很神奇！”

音乐的力量

现在只有神可以召唤人们上前倾听。神的工作不是追求完美，神的工作是帮助我们寻找归属感，即我们存在于它里面，并通过该属性，在它里面寻求影响他人的温和磁力……不是让我们与远方的上帝建立起关系，而是让我们认识到我们已在它里面。

——约翰·奥多诺修

最近，我在得克萨斯的一个小镇教堂参加了好友劳拉父亲的葬礼。我当时在教堂的侧厅，侧厅内没有唱诗班也没有钢琴，几百人坐在折叠椅上通过投影仪和电脑屏幕观看教堂主厅内的悼念过程。当我们被要求站立起来共唱劳拉父亲最喜欢的赞美诗（也是我最喜欢的）《你真伟大》时，我心里有点儿犯嘀咕："接待大厅里的这两百多号人彼此并不熟识，大家怎么能做到清唱这首古老的赞美诗呢？"事实是，我们做到了。那是一次神圣的经历。

劳拉的父亲是小镇上的英雄，所有人都认识他。那一刻我脑子里想的是："他应该会喜欢我们的歌声，虽然唱得不算太整齐，但他会喜欢我们为他歌唱的心。"神经学家奥利弗·萨克斯写道："音乐，作为一门独特的艺术，既绝对抽象，又极度打动人心……音乐可以直接穿透人们的内心，无须任何介质。"

实际上，葬礼是最重要的集体性伤痛示例中的一种。葬礼出乎意料地出现在我对信任的研究中。我请研究参与者列出 3 到 5 类朋友、家人以及同事的集体行为，试图找出哪些行为能提升人们的信任度。结果，葬礼一直是位列前三的答复。葬礼很重要，出席葬礼也很重要。葬礼不仅对悲痛的亲人很重要，对在场的所有人也都意义非凡。人们以任何形式聚集到一起祝祷一个生命的终结，共同经历这种集体性伤痛（有时候是欢乐），或许是对人际联结密不可分的最强大的体验之一。死亡、失去、悲痛皆是伟大的均衡器。

在我写这本书的时候，我的婶婶贝蒂去世了。我一想到她，就想起欢笑、露营、在埃西斯河里游泳、开车去她在得克萨斯洪多的农场，以及我们俩之间永不讨论政治的默契。我还记得7岁那年，我央求她放我进去“棋牌室”，我的父母、祖父母，还有年龄最大的表兄们在里面又喊又笑、骂骂咧咧、抽着烟、玩乌鸦纸牌游戏（在我们家最受欢迎的纸牌游戏），可热闹了。而我当时被要求待在“儿童室”，太无趣了。贝蒂婶婶用手托着我的脸蛋说：“我不能让你进去。相信我，你不会想看到里面都有什么，真的不怎么样。”

她去世前表示，不希望我们为她举行葬礼，她的愿望是我们能在丹妮表姐家的后院搞一个家庭烧烤聚餐。她想让我们聚在一起，开心一些。丹妮带着我们做祷告，给我们讲有趣的故事，内森弹吉他，戴安娜唱《万福玛利亚》。那天，得克萨斯山地区的气温有90华氏度（32℃），蝉鸣声震耳，我们勉强听得清那些故事和歌声。我忍不住想：

“这就是人生。”

这种人性超越了所有令我们疏离的分歧和差异。谢丽尔·桑德伯格和亚当·格兰特2017年出版了一本关于悲痛和勇气的畅销书《另一种选择》。桑德伯格痛彻心扉、全情投入地讲述了一个关于集体性伤痛的故事：她的丈夫戴夫在他们度假的时候突然去世了。当时他们的两个孩子分别在读二年级和四年级。她写道：“在我们抵达墓地后，两个孩子下车就哭倒在了地上，爬不起来也走不动路。他们放声恸哭，我躺在草地上搂着他俩。他们的表兄妹们过来和我们一起躺下，一群人挤在一起悲伤流泪，大人们张开臂膀搂住他们，想保护他们不被悲痛所伤，虽然没什么用。”

桑德伯格告诉孩子们说：“这是我们人生中第二个最糟糕的时刻——我们已经经历了第一个，现在我们要承受第二个。从今往后，一切都会好起来的。”然后，她开始哼唱一首儿时的歌谣《安息平安》，这是一首安息曲。她写道：“我想不起来当时为什么要唱歌，也不知道为什么选了这首歌曲。后来，我意识到是因为这首珈底什[①]的最后那句歌词让我在那一刻自然而然地唱了出来。紧接着，

① 珈底什：犹太教每日做礼拜时或为死者祈祷时唱的赞美诗。——编者注

大人们跟着一起唱了起来，孩子们也跟着唱，哭声停了下来。”

一次集体性伤痛的体验并不能让我们摆脱悲痛和哀伤，但它提醒我们，我们并不是孤身面对人生的至暗时刻。从这一刻开始，我们破碎的心就与每一颗知晓伤痛的心联结在了一起。

基于共同敌人的亲密关系

当我第一次看到朋友家沙发上的抱枕时，我忍不住扑哧一声笑出来。抱枕上面写着：“如果你没什么好听的话可说，就在我边上坐着吧。”现在，我要暂时摘掉“试着做一个好人研究员”这顶帽子，来问大家几个坦诚的问题：与陌生人成为朋友，有比嘲讽挖苦某个你们都认识的人更快速、更简单的方法吗？相比坐到某个人旁边然后说一些非常刻薄、八卦、主观的话，还有什么事会令你感觉更好？坦白说，在这一切发生的那一刻，我个人的感觉还是很不错的——这是一种可以与任何一个人建立起关系的方法。这个方法诱人、可靠，也很简单，而且相当有趣呢。

但是，让我们看看枕头的背面。就像上面我举的例子，我们通过评判和挖苦他人而建立起来的关系并不是真正的联结。而且，这种行为造成的伤痛却是真实的。建立在毒舌基础之上的联结，其价值与毒舌本身不相上下——它什么价值都没有。

在我为羞耻研究采访参与者的过程中，很多参与者都提到了他们无意中听到别人在背后对他们的议论后的痛苦，以及知道这些“八卦”后的羞耻感。这个发现很让人揪心，于是我决定不再说别人的闲话。可是，刚开始我感觉很孤单，但是这个过程非常具有教育意义。仅仅几周时间，我就发现，我跟好几个朋友的关系——我个人原本认为是真正的友谊，其实是建立在说他人闲话的基础上的。一旦我们不再凑在一起说别人闲话，我们之间就没有什么共同语言了。

如果我们把画面拉远了看，从我们的私人生活转向我们当今所处的社会和意识形态文化，我会争辩说，那些我们与之一起坐在沙发上说闲话的人并不是与我们关系密切的人，也不是让我们产生强烈群体意识的人，我们仅仅是因为拥有共同不喜欢的人就“混”在一起了。这不是联结，这是“非敌即友”。这是基于共同敌人的亲密关系——我其实不了解你，我也没想过为我们的关系有什么投入，但是我们都有相同的不喜欢的人，对一些看法也同样地不屑一顾，这让我感觉不错。

基于共同敌人的亲密关系是一种伪联结，是真正归属感的反面。如果我们与他人之间的纽带仅仅是基于我们有共同的不喜欢的人，我们体验到的亲密关系即便是强烈的，可以让我们瞬间感到满足，但它也可以轻易释放出愤怒和痛苦。无论如何，这都不是建立真正联结的动力。这种力量来如火，去如烟，燃烧殆尽后只留下一缕被污染的情感。如果我们还有一分自知，我们也会因为这种亲密关系造成自身人品的短时断片而深感后悔。你会不断思考："我真的参与了吗？是它推着我们走吗？我确实做了那些令人厌恶的行为吗？"

我理解我们当今所处的时代充满了不确定性，危机重重。我时常有种冲动，想跟一群人一起找个安全的地方躲藏起来。人们也许能藏身于同样的信仰和意识形态的掩体之后，但是在人群中，我们还是单独的个体。更糟的是，我们时刻监控着自己。如果我们发声质疑战壕内盟友们的观点或想法，就会担心遭到回击，这种潜在的威胁令我们十分焦虑。当我们的信仰是唯一将人们联结在一起的纽带，而不是我们自己时，改变我们的想法或者质疑集体的意识形态就是在冒险。

当一群人或一个社群不能容忍异议和分歧，即放弃了任何密不可分的人际联结。没有真正的归属感，只有未言明的对某一群体的仇视，这将助燃我们的精神断联危机。

所以，即便集体体验深深地打动了我们，我们也应清楚地意识到，这些集体性时刻并非不分积极和消极。如果一个集体是以牺牲他人的利益而聚集到一起的（例如，其关系是建立在贬损、贬低另一个人或另一群人的前提下），那么这种关系将无法解决我们的精神断联危机。事实上，助长这样的行为还会起到反面的作用。以牺牲他人为前提的集体性欢乐并不是真正的集体性欢乐，给他人带来伤痛的也不是真正的集体性伤痛。假如球迷们对着足球队员们喊出带有种族主义亵渎的言语，假如人们因为任何理由去收集仇恨，那么真正的归属感和密不可分的人际联结将瞬间失效、崩塌。

我询问研究参与者们对抗议游行和集会作为集体性欢乐或伤痛体验的看法，他们的答复与他们对宗教活动的看法一模一样——“视情况而定”。随着进一步挖掘为什么有些可以、有些就不可行，我在对基于共同敌人的亲密关系的研究中所看到的分界线再次浮现：去人性化和具象化是对集体性欢乐和伤痛的否定。一位 40 多岁的女士解释说："我可以去教堂体验最好的精神联结，我感到自己作为一分子，拥有超越差异的力量。我也可能在去了教堂后感觉被激怒，因为神父有时会把训诫当作讨论政治、为候选人拉票的平台。这种情况越来越普遍，到了一定程度，教堂就不值得我再去了。"

2017 年，我和女儿一起参加了首都华盛顿的女性大游行。对我而言，有些时刻像是集体性欢乐和伤痛体验，而有些时刻则不属于这个范畴。很不幸，我们弄错了下车地点，在大游行快要开始以及随后的防暴行动中，我们遇到了一些恐怖的、无意义的破坏性行为。一群穿着女权运动 T 恤的女孩子沿着街道往前走，这时候两个年轻男子冲她们尖声大叫："滚蛋吧，傻冒儿！"

仅仅是一条街的距离，我们便清楚可见政治统一体两端的极端人士的行为是何其相似。他们都是利用所有机会来释放他们不愿承认的、日益恶化的痛苦、伤害以及渺小感和无力感。我要再说一遍，这些情感是无法否认的，一旦我们把它们释放出来并施加到他人身上，那就危险了。

集体集会满足了人类对拥有共同社会体验的原始渴望。

但是，我们需要对如何以及何时利用、操控这种渴望保持警觉，当渴望被运用到建立真正联结以外的范畴，我们就需要留心了。一次集体集会可以开始愈合受创群体的伤口，另一个活动则可能会在同一个群体中引发创伤。当我们聚到一起共同体验真正的欢乐、希望以及伤痛，我们便融化了无处不在的愤世嫉俗，但后者往往遮盖了更加美好的人性。当我们打着“基于共同敌人的亲密关系”这个假旗号走到一起，我们实则是在加重愤世嫉俗的程度，降低我们的集体性价值。

增加面对面交流与互动

在我们努力创造更多的集体性欢乐和伤痛体验机会的过程中，社交媒体能发挥积极作用吗？还是说它们只能成为仇恨之家和猫咪图片库？社交媒体可以帮助我们建立真正的关系和真正的归属感吗？还是说它们只是阻碍？这些都是我们为之困惑的问题。

曾几何时，我是那么喜欢社交媒体，从迅速、有力地伸张正义到海量的装饰成多肉植物的纸杯蛋糕图片。之后，有段日子我又坚信社交平台的存在只是为了惹我生气，伤害我的感情，提醒我自己有各种缺点和不足，并且给危险人物提供了一个平台。

我的结论是，我们与社交媒体的关系与我们和火的关系类似——你可以用它取暖、滋养，你也可以用它烧毁粮仓，一切都取决于你的意图、期望以及现实检验技能。

我开始和研究参与者一起探讨这个问题，大家的看法几乎完全一致。显而易见，面对面的联结对人们找寻真实的归属感至关重要。面对面接触的必要性不仅体现在我的研究参与者数据中，而且世界各地的各项研究也都证实了这些发现。只有当被用于创建有架构、有目标、有意义、有面对面接触的真实社区时，社交媒体才会有助于培养人际联结。

苏珊·平克是这个领域的权威研究者之一。在《村落效应：面对面接触如何令我们更加健康快乐》（*The Village Effect*）一书中，平克写道："经过一个短暂的演化过程后，我们已经从擅长读懂对方每一个姿势和意图的群居性灵长类动物，演化成了只关心各自手机屏幕的独居物种。"基于对不同领域的研究，平克总结道："人与人之间的面对面互动没有替代品。"研究证明，面对面互动可以增强我们的免疫系统，增加血液和大脑中的积极激素，有助于我们更加长寿。平克说："我把这个过程称为'建造你的村落'，这是一个关乎生死的工程。"

她用的词是"关乎生死"，她不是在开玩笑。实际上，她的发现与我读到的对孤独的研究相辅相成。社交互动会让我们更加健康、长寿。平克写道："事实上，疏于与对你重要的人保持密切联系会给你的健康带来危险，其影响与每天抽一包烟的坏习惯、高血压或者肥胖症类似。"

好消息是，这种接触不一定是长时间、密切的互动，当然，那样也很好。与他人的眼神交流、握握手或者击击掌都有助于平衡你的激素水平，释放多巴胺，减轻压力，并提供一点儿化学反应。平克写道："研究显示，每周打一次牌或者每周一个晚上和朋友们聚一聚，能够像服用阻滞剂（通常是治疗心血管疾病的药物）或戒烟那样让我们多活几年。"

社交媒体对建设社区是有帮助的，但是，真正的归属感、真正的联结以及真正的同理心需要我们在现实空间、时间和现实中的人进行接触。我的生活中就有一个这样的例子。

还记得埃莉诺吗？在第一章里，她是我跟家人住在新奥尔良时最好的朋友，我们在 5 岁那年认识的。那些年，我们好得形影不离、难分难舍。上学的时候，我们每天骑着自行车穿过杜兰大学校园往返学校，有时候我们会停下来买个冰淇淋或者溜进学生活动中心里的餐厅买汽水。

我们编了一整套舞蹈和对口型动作，跟着保罗·麦卡特尼和羽翼乐队的歌《逃亡乐队》又唱又跳。我们在做弥撒的时候胡闹，但从未被逮到过，这一点让我俩很得意。我们常去纽曼中心，我们亲切地称它为“嬉皮士教堂”。有一次，我们偷偷溜进了纽曼中心的后面，吃了一大把圣餐饼干。我们相信我们会因此下地狱的，不过没关系，只要我俩一起下就行。我们都来自大家庭，所以我们都特别喜欢骑着车出去恶作剧，躲开那些吵吵闹闹。

像我之前写到的，四年级的时候，我父亲的工作从新奥尔良转去了休斯敦，埃莉诺和我都要崩溃了。我们约定要尽最大努力保持联系，一有时间就去看对方。在我们搬家之前，我父母提前一周让我停了课，然后把我跟弟弟妹妹们放到了圣安东尼奥的祖母家，这样他们可以去休斯敦找房子。那时候我 9 岁，杰森 5 岁，我的双胞胎妹妹们才 1 岁。

我们在祖母家待了一天后，两个妹妹就得了肠胃感冒，然后我也病了，接着弟弟也病倒了。我父母从休斯敦打电话过来问是否需要他们回来，祖母大手一挥说“不用”，她自己能搞定。两天里，我们去了 5 趟自助洗衣房，又喝掉了一大锅鸡汤，然后其他人慢慢好起来了，但我却病得更重了。最后，祖母让我父母赶紧回来。

我父母回来后不到 24 小时，我就进行了阑尾破裂及坏疽急诊手术。我祖母不可能知道这些病，这两种病症的症状太相似，一起发作起来简直就是一场风暴。问题马上复杂化了。我父母质疑进行急诊手术的外科医生“是否完全清醒”，因为我出现了术后即刻并发症。最终，他们“不顾医疗建议”，大半夜用轮椅推着我转去了另一家医院。我在那家医院住了两周才出院。之后，我父母就把我留在了祖母家，他们又忙着回去打包行李了。

就这样，我再也没见过埃莉诺。

直到 2009 年的早些时候，我在脸书上找到了埃莉诺。我给她发了信息，很快我们俩就重新联系上了。自那以后，我们两家人常在一起聚会。我跟她孩子的关系不错，她跟我孩子的关系也很好，我俩的丈夫也成了朋友。这的确是人生中最意想不到的诸多喜悦之一。复联后的第一次见面，我们在一起聊了好几个小时，聊我们所有的事，从这些年扛过来的那些痛苦和失落到我们最快乐的时光。这样的对话永远不可能在线上进行，这样的对话需要深夜里有一张沙发、一杯茶还有舒服的睡衣。

我想说的是，通过脸书和埃莉诺重新联系上并不是欢乐的来源，欢乐的来源是我们之间的长谈、家庭乒乓球比赛以及一起看电影这些联结。社交平台只是催化剂，面对面接触才是联结。

发掘脆弱的力量

在我给学生讲脆弱的概念的时候，我喜欢做的一件事是给他们看快闪视频或者其他集体性欢乐时刻的视频。在这些视频中，你会看到学龄儿童无忧无虑全身心地投入到体验中。成年人呢？他们中的一些人会投入，另一些人则无所谓。青少年呢？很少，他们看上去比较苦闷。欢乐和伤痛这两种体验，我们若独自感受就会觉得内心非常脆弱，与陌生人一起感受则会更加脆弱。

勇气的基础是脆弱，即应对不确定性、风险和情绪暴露的能力。我们需要勇气敞开心扉，拥抱欢乐。事实上，正如我在其他几本书里写过的，我认为欢乐可能是我们体验到的最脆弱的情感。我们担心，如果我们允许自己去感受欢乐，那么我们可能会被潜在的灾难和失望所蒙蔽。正因为如此，在一些真正的欢乐时刻，很多人看上去好像是在带妆彩排悲剧一般。例如，我们目送孩子去参加毕业舞会，脑子里想的却是：路上别出“车祸”。假期即将来临，我们很兴奋，接着却开始想“飓风”来了怎么办。面对脆弱，我们想先下手为强，于是我们想象最坏的情况或者是无动于衷，只是希望别出什么状况。我把这称为“带有不祥预感的欢乐”。

与带有不祥预感的欢乐做斗争的唯一办法就是感恩。多年来，那些感受欢乐最投入的男性和女性都是心怀感恩的人。在个人和集体欢乐的脆弱时刻，我们需要感恩。

伤痛也是一种脆弱的情感。若要感受伤痛，我们就需要实实在在的勇气。当我们承受苦难的时候，很多人其实不是在感受伤痛，而是在制造伤痛。我们非但没有在心中消化伤害，我们还在散播伤害。

所以，我们要找寻集体欢乐时刻、感受集体伤痛时刻，我们必须更加勇敢，也就是说，我们必须保持一颗脆弱之心。在我所有研究的逾二十万份数据里，没有一个例证说勇气不需要脆弱。你能吗？你能想出一个不需要风险、不确定性和情绪暴露的勇敢时刻吗？我知道答案是否定的。我问过很多人，包括特种作战部队的士兵。没有脆弱，就没有勇气。我们必须站起来做点儿什么。当歌声响起、舞蹈开启，我们至少需要点点脚尖跟着哼哼，当眼泪滚落、不幸者在倾诉，我们必须出现在现场直面伤痛。

我们珍视“独立完成任务”，有时候我们也会因为一些错误的原因聚到一起。同样，在内心深处，我们愿意相信：尽管你我之间存在差异，尽管我们需要勇闯旷野之境，但是我们无须一直独自前行。

第七章

外柔内刚，不改初心

生活中经常会出现这种情况，我们所谓的力量实际上来自恐惧，而非爱。很多人没有一个强大的内心，有的只是防卫性的外表，用来保护软弱无力的脊柱。换而言之，我们行走在世间，易碎、时刻防备，竭力掩饰自己的不自信。如果我们加强内在的力量，用比喻的说法——锻炼出柔韧而强健的脊柱，我们就可以勇敢拥有一个柔软又开放的心态……我们如何以内心强大且外表柔软之同情心去给予和接受关爱，跨过恐惧，步入真正的柔软之境？我相信这个梦想会实现，那时的我们将是真正透明的，我们将清晰地看到世界，也会让世界看到我们的心。

——罗希·琼·哈利法克斯

我是从罗希·琼·哈利法克斯那里第一次听到“外柔内刚”这个说法的。我和她一起在纽约欧米伽研究院做一个活动——那是我最喜欢的地方之一。我承认我跟她见面的时候有点儿胆怯。哈利法克斯博士是一位禅师、人类学家、活动家，她出版了数本有关佛教的书籍。我们第一次见面是在为当晚谈话活动安排的彩排上。她很接地气，而且我记得最清楚的是，她很风趣。要离开彩排现场的时候，我说：“我累得不行了，不过我估计马上就要开始见面会了。”

她看着我，说：“今晚活动之前，我要回房间休息。你为什么不跟我一样去休息一会儿呢？”

我说，这听上去是个好主意，但是我不能。我永远忘不了她随后对我说的话：“今天晚上，我们将要呼气和讲课，那么现在是吸气时间。有呼也有吸，而且我们很容易认为自己应当只呼不吸。但是，如果你希望继续呼气，吸气就绝对有必要。”

在那晚的谈话活动中，她解释了“外柔内刚”的含义。当我在浏览与这本书有关的研究材料时，这个画面又回到了我眼前。如果我们每一天都想拥有真正的归属感，那么就需要坚强的内心和柔软的外在。当我们舍弃意识形态堡垒的确定性和安全性，迈入旷野之境时，我们也需要脆弱和勇气。

“真正的归属感”的含义比“外柔内刚”更加丰富。一旦我们拥有勇敢做自己的勇气，那么无论遇到什么样的批评和恐惧，我们都会说我们笃信的话，做我们认为正确的事，我们也因此可以离开旷野之境了，而且旷野已经在我们的内心留下了印记。这并不意味着旷野之境不再艰险，这意味着我们一旦独自勇闯，未来我们将非常清楚自己的选择。我们可以一辈子背叛自己，选择虚伪地合群融入，而不是做真实的自己。但是，只要我们曾经为自己和自己的信念争取过，那么我们内心的标准就更高了，我们会将一颗纯洁的初心与背弃真我进行斗争。

打造强大的内心

终其一生，我们所有人都会不停地努力强化内心的力量、柔化我们的外在、倾听内心的私语。但是，对某些人来说，他们关注的重点是打造强大的内心。当强化内心成了我们的特殊目标，我们实则是被他人的想法左右了。想要变得完美，取悦他人、证明自己以及伪装自己都是内心强大的障碍。增加勇气的一个办法是，学会把勇敢七大原则（BRAVING）付诸实践，比如：

- **设定界线**（Boundaries）——学习如何设置、坚持、尊重自己的界线。挑战是：不要在意别人是否喜欢你，也不要害怕自己会让他人失望。
- **保持可靠**（Reliability）——学习如何直言不讳，言出必行。挑战是：不要为了取悦他人或者证明自己而过度承诺。
- **勇于担当**（Accountability）——学习如何进阶、有担当、承担责任，错了就诚恳道歉。挑战是：不要责怪他人，也不要有羞耻感。
- **尊重隐私**（Vault）——学习如何保守秘密，分辨哪些信息可以分享，哪些不可以分享。挑战是：不说闲话，拒绝基于共同敌人的亲密关系，不要为了关系火热而与他人过度分享。
- **正直真诚**（Integrity）——学习如何坚守自己的价值观，纵然会有诸多不适与不易。挑战是：走出舒适区，选择勇敢。
- **不做评判**（Nonjudgment）——学习如何给予他人帮助，以及接受他人的帮助。挑战是：不要以“救世主”和“万事通”的身份自居。

- **宽容大度**（Generosity）——学习如何设置界线，宽以待人。挑战是：要做到诚实坦荡、是非分明。

在与比尔·莫耶斯的访谈中，玛雅·安吉罗博士说：“我属于我自己。我对这一点深感自豪。我很关心我是如何看待我自己的。我非常喜欢我自己。”我们的工作就是让你喜欢自己，你应该关注是否对自己过于严厉或者是否总是允许他人制止我们发声。记住，旷野之境需要一定程度的自爱和自尊。

一个有力的关于内心强大的例子来自我的朋友珍·哈特梅克。珍是一位作家、牧师、慈善家和社区领袖。去年，我目睹了她挑战旷野之境的努力——她无比优雅又充满力量。作为一个保守且温和的天主教社区领袖，珍公开发表了对性少数人群（LGBTQ）[①] 的权力以及包容的支持。她的表态让她在社区遭到了很多人的公开敌视。我问她对“旷

① LGBTQ：性少数人群。LGBT 为女同性恋者（Lesbians）、男同性恋者（Gays）、双性恋者（Bisexuals）与跨性别者（Transgenders）的英文首字母缩写，Q 代表对其性别认同感到疑惑的人（Questioning）。——编者注

野”的看法和感受，下面是她的回答：

> 我不想自欺欺人地粉饰这个问题——站在旷野之境的感觉真的让人毛骨悚然。因为归属感是人们原始且必要的需求，失去部落或独自前行的威胁令人惊恐，以至于大部分人终其一生也不会踏足旷野之境。得到他人的认可是我们最崇拜的神像之一，“让别人感觉舒服”是我们供奉在它脚下的祭品。我确信：“生怕让他人感觉不适”是对我们这代人最大的威慑和障碍。罔顾我们内心的信念、维护现状显然是特权者的奢侈，因为处于劣势的人、离群的人以及被边缘化的人毫无选择，只能直面每一天的旷野之境。可是，选择前往危险重重的前哨比起选择固守相对安全的城门，更需要真正的勇气。甚至，当你迈出第一步时就会感到无法呼吸。

权力结构把人群分置于城内和城外，与权力结构论调不一致是要付出代价的。我自己付出的是归属感。结果是，旷野有时候会令人感觉孤独和折磨，但这也是阻碍我们探寻旷野的强大抑制因素。幸而，我发现了一些美丽的东西。

最孤独的时刻是，当我出了城门但还未抵达旷野中心的那一段——惶恐不安如影随形，新的疆域还遥不可及，前方道路上空无一人。但只要你一步一步地迈出去，砥砺前行，最终会踏入旷野，而且你会惊讶地发现，原来已经有很多人在那里了——他们在旷野中成长、舞蹈、创造、庆祝，找到心之归属。那里不是荒芜的废弃之地，也不是不受保护的疆域，那里更不缺人类繁荣——那里充满了活力，生机勃勃。去往那里的路或许非常艰难，但那里有真实的生命。

我猜，旷野就是我的永居地，一个让人痛并快乐着的地方。当我迈出艰难的最初几步，我实际上是不可挽回地破坏了党派的划线，用一条有关脆弱的教义公开与之搏斗。在《创世记》第32章中，有一个美妙且奇怪的故事，讲述的是雅各在荒野里与上帝摔跤。他们摔了一整夜之后，上帝意识到雅各是不会放弃的。事实上，雅各还朝上帝大叫：“你不给我祝福，我就不容你走！”上帝摸了一下雅各的大腿窝，雅各的腿就瘸了，这是上帝留给雅各——这位与神较力的，坚决、固执、顽强的人的一个永久的警示。雅各的举动有点儿荒谬但很有胆量，他令人震惊又让人钦佩。那段时间，一位亲爱的朋友给我发了这条信息：“你就像是雅各，你拒不让上帝离开，直到他祝福你。他会祝福你的，你会找到新的疆域，但是以后你会永远瘸着腿走路。”你看，我已选择了旷野，因为在那里我可以说出事实的真相，以最大的勇气带领人们前行，与我的同伴们聚集在一起。瘸腿会提醒我不忘代价——那些落在身后的，那些让我感觉伤感的代价。这一切值得吗？答案不容置疑。而且，我希望我的旷野同伴看到我的瘸腿，他们将知道我也经历过伤痛，一路走过来，我也是满身伤痕而非毫发无损。离群者们，我想这丝毫不会妨碍我们的旷野舞会。

旷野舞会？算我一个。

外表柔软

珍的故事令人难以置信，但它让我明白了两点：

- 我们必须保持强大的内心——这不是一次性的努力；
- 人啊，如果受伤太多，就很难有永远柔软的外表。

跟珍一样，我也在社区分享了我的观点，同样遭到了反对和抵制。有些人的行为简直让我瞠目结舌，从“闭上你的嘴”到针对我的家庭的暴力十足的威胁，各种各样。

我的本能反应是“我的内心强大，外表也要强硬”。但是这并非生活之道。脆弱孕育了爱、欢乐、信任、亲密、勇气——所有那些让我们的生命和生活有意义的因素，当我们受到伤害时，强硬的外表貌似不错，但它最终会引发更多伤痛。当我们让他人夺走我们的脆弱之心，或者用他们的仇恨充斥我们内心时，我们就等于是把整个生命都交出去了。

我们中的很多人早在孩提时代就开始用武装的方式来保护自己。我们成年后会发现，武装方式正在妨碍我们自然成长，妨碍我们成为自己。我们可以进行自我审视，搞清楚自己是否需要付出一生，成为一个完美的、整日取悦他人的人，然后我们可以强化内在的勇气，拥有一个更加强大的内心。同样，我们也可以锻炼我们的脆弱肌，让我们更加柔软和开放，而不是进攻或防卫——这意味着要习惯脆弱。大多数时候，有两个原因让我们把外表武装起来去面对人生：我们不习惯表达情感，我们将脆弱视为弱点；过往的创伤经历告诉我们，脆弱很危险。暴力和压抑让我们认为柔软的外在是一个不利因素，于是我们努力寻找一个物理上和心理上都安全的地方，安全到我们可以放心地脆弱。脆弱的定义是不确定性、风险和情绪暴露。但脆弱不是弱点，它是对勇气最精确的衡量。如果我们对脆弱的信念成为我们成长的障碍，问题会是："如果你无法控制结果，那么你愿意站出来，被别人看到吗？"当安全问题成为阻碍，问题则是："你愿意打造勇敢的空间，让别人充分看到你吗？"

柔软且开放的外表并不意味软弱，相反，它代表勇敢，代表无畏地成为旷野之境。

不改初心

我希望"初心俱乐部"能有一个暗号，我希望勇闯荒野的奖励是某种仪式或者符号，类似"我是初心俱乐部成员"。我清楚坚持做自己，勇敢面对批评、恐惧和伤害意味着什么。我知悉自由，既无所不往又无所归附。这样做收获巨大，但相信我，当玛雅·安吉罗说"代价很高"时，她也没开玩笑。我已经找到了真正的归属感，我身上的伤痕可以做证。

然而，旷野之境不发放会员卡。一颗纯洁的初心并非你时刻能看到的，但它是我们最大的精神财富。还记得卡尔·荣格的话吗——"矛盾是我们最宝贵的精神财富之一……生活充满矛盾，你无法真正理解。”这本书里列举了各种矛盾以及四种应对方法，如何解决它们所带来的冲突是我们应对当下精神危机的关键。

初心的力量可以让生活中与爱有关的矛盾同时实现。这种能力让我们既刚强又温柔，既兴奋又恐惧，既勇敢又害怕——这一切都在同一时刻发生。它存在于脆弱和勇气之中，激烈又友善。

一颗初心既可以让我们对世上的纷争保持清醒，为正义与和平奔走呼告，又可以培养属于自己的快乐时刻。我知道，很多人（包括我自己）都会为自己的快乐时刻感到内疚甚至是羞耻。世界上还有人无家可归，没有安全保障，我们怎么可以跟家人在美丽的海滩尽情玩耍呢？有很多叙利亚儿童因饥饿死去，我为什么要花那么多心思把孩子的生日纸杯蛋糕装饰成小黄人呢？这些纸杯蛋糕有什么意义？它们之所以有意义，是因为快乐本身就有意义。

无论你是一名职业活动家，还是清真寺或当地鸡汤厨房的志愿者，我们都会努力提供帮助，确保大家的基本生活需求得到满足、公民权利受到保护。我们也同样努力让每一个人都得以体验那些让生活更有意义的元素——爱、归属感以及快乐。对我们每一个人来说，它们是基本的、不可或缺的需求。我们自己没有的，我们也给不了他人；我们内心缺失的，我们也无法代替他人去争取。

再次强调一下，快乐的关键是感恩。我的一些受访者曾经历过严重的创伤，从失去孩子到种族灭绝。15年来，我从大家的故事里反复听到的一个信息是："当你能感恩你所拥有的一切，你就能理解我所失去的是何等重要"。我还发现，我们越是设法减少自己的伤痛，或者将自己与他人所经受的伤痛进行比较，我们对他人就越缺乏同理心。当我们放弃自己的快乐，只为了让伤痛中的人们感觉不那么孤单，抑或是为了让我们自己少一点儿内疚或是看上去更加投入，我们即是在消耗自己的能量，生命也会从此失去光彩和意义。

有时候，我们自得其乐，不理会他人的伤痛。我们会闭上眼睛，把自己隔绝在外，假装我们没有办法让事情变好，然后停止为他人提供帮助。这种回避苦难和不公正，假装岁月静好的能力其实是特权的核心——"今天，我选择不承认周围所发生的事情，因为这个问题对我来说太难了。"我们的目标应该是展开如下思考："我知道发生了什么，我知道自己扮演的角色和作用，我知道如何能让事情变好，而且这不代表我必须否定自己的快乐。"

保持一颗初心能够让你清醒地看到世人的伤痛，而且无须掩饰自己的伤痛。只有保持一颗初心，你才会懂得感恩，才会全情投入，并感受纯粹的欢乐，而且不会无视也不会否认世人的痛苦挣扎。我们以旷野精神应对冲突，这并不容易，也不舒适——有时候我们与各种力量搏斗，但最后发现行得通的正是用爱构成的外在和由勇气打造的内在。

如果回到真正的归属感的定义，我们可以看到，它就是建立在冲突和矛盾的基础之上的：

> 真正的归属感是精神层面的高度自信和坚守本心，你可以把最真实的自己展现给外界——无论是作为集体一分子还是独闯旷野之境，你都会从中找到神圣感。真正的归属感不要求你改变自己，真正的归属感要你做自己。
>
> 在探寻真正归属感的实践中，我们再次感受到了矛盾：
>
> 不再抗拒，相互靠近。
>
> 实话实说，且有礼有节。
>
> 相信爱，和陌生人握手。
>
> 外柔内刚，不改初心。

我们将在旷野赢得“我心如初”的名声，我们将在旷野学到的亦可践行到每日的生活，这对探寻真正的归属感至关重要。这个日常惯例改变了我，影响着我如何度过一生、如何为人父母、如何带领团队：

> 停止怀疑，当你在世间行走的时候，停止寻找你是否属于这里的证据——你总会找到的，因为那是你的使命。停止在众人脸上搜索“我不够好”的证据——你总会找到的，因为那是你的目标。真正的归属感和自我价值不是商品，我们该不与世人商讨它们的价值。“我是谁”，这个真相存在于我们的内心。我们召唤勇气，以保护我们的初心免受他人评判，尤其是来自于我们自己的持续评判。你比任何人都更属于这里。

停止“我不属于这里，我不够好”这样的想法并不容易，至少大多数人都有这个习惯。最糟糕的情况是，确认我们的不足成了日常。当这个概念首次从我的大脑中浮现出来时，我开始一点点地研究下去。我会设定一个停止想法的意向。比如，当我去参加一个会议时，我不再想“我不够聪明”，这种做法很管用。当我儿子查理在读中学，我女儿艾伦刚刚上大学一年级时，我们就这种做法的有效性进行了一次长谈，他们都说这种做法对他们如何与亲友相处以及对他们的学习生活都有明显的帮助。

因为我的成长经历和我的工作经历，让我对养育子女一贯秉持这样的理念：爱和归属感是全心投入养育法的起点。如果孩子们知道自己是被爱的，也是值得被爱的，那么他们就明白，无论发生了什么，家永远是他们的港湾，于是，所有的问题都能迎刃而解。但是，当他们长大一些后，朋友对他们变得更重要，这时候，不动声色地教育他们如何与他人融洽相处、如何结交朋友就更容易了。我自己的恐惧默认设置是：“其他人都穿什么？”或者“你为什么没被邀请去同学家里玩，是有什么问题吗？”我必须时时提醒自己注意那些为人父母的要领，当我的孩子受伤时，我不能让恐惧占了上风。

家庭归属感的重要性不言而喻。几年前，我就融入和归属的差异性采访了一群中学生。我在《活出感性》一书中分享过我的研究发现，我认为那些研究成果值得再次分享。我请一群八年级学生分成几个小组，分组讨论融入和归属的差异性，他们的答案令我震惊：

- 归属感是去你想去的地方，而且那里的人都欢迎你；融入是去你想去的地方，但是那里的人对你的去向无所谓。
- 归属感是别人接纳了真实的你；融入是只有你跟其他人一样，人们才会接纳你。
- 如果我与他人相处时是在做自己，这是归属；如果我必须和其他人一样，这是融入。

他们说到点子上了！无所谓我在哪个地方进行了访谈，或者我去的是什么类型的学校——初中生、高中生都能够理解这个主题。他们还坦诚讨论了感受不到家庭归属感对他们的伤害。我第一次请八年级学生总结概念，一个学生写道："没有学校归属感很糟糕，但是没有家庭归属感的感觉是最糟糕的。"我问学生们，这种感觉意味着什么，他们举了这些例子：

- 我不能达到父母的期望。
- 我不能像父母希望的那样与众不同，受大家欢迎。
- 有些事父母很擅长，我却做不到。
- 因为朋友不多，所以我没有加入运动队，也不是啦啦队队长，这让父母感觉很难堪。

- 父母不喜欢我现在的样子，也不喜欢我的爱好。
- 父母对我的生活漠不关心。

现在，经过这次关于真正归属感的研究，我认识到我应当帮助孩子们相信自己，让他们找到真正的归属感。这比其他事情都重要。是的，我们需要帮助孩子学习如何处理好与朋友间的关系，对于孩子来说，跟朋友融洽相处是件大事，但是我们最主要的任务是保护他们柔软的初心。

我们还必须管住自己，不能跟随孩子们进入他们的旷野之境，不去设法把他们的周遭环境改善得更安全、更文明。我们身体里的每一个细胞都会想着去保护他们，希望他们在做自己的时候可以免受伤害。但是，孩子们可以直接从树木，从与高度孤寂的叛逆者和跛脚的反对者在月光下的共舞中获取智慧。我们剥夺他们的成长机会，实际上是出于我们内心的恐惧和不适，事实上，孩子们需要自己去了解旷野。

作为一名团队领导者，我希望培养一种有真正归属感的文化，我不想要也承受不起融入。在与西雅图海鹰队教练皮特·卡罗尔的访谈中，我问他是否有身处旷野的经历，他的回答令我震撼。他说："是的，我知道旷野那个地方，我在那里被'解雇'好几次了。我清楚大众意义上人们认可的国家橄榄球联盟教练应该是什么样子，但是有时候你必须大胆一些，敢于冒险。而且，在旷野中对人生的详细审视能产生一种特别的韧性。经历过这些之后，我坚信，如果我没能坚守本心做我认为正确的事，我也会更加清晰地认识到这一点。"

对旷野的审视所产生的韧性，以及"更清晰地认识到我没能坚守本心做我认为正确的事"，就是初心留下的印记。想象一下，在一个组织机构中，一大群人秉持着初心，领导团队前进、开拓创新，而不是人云亦云、曲意逢迎、安全为上。由此可见，我们比任何时候都需要一场初心革命。

如果你想在工作中或者在家庭关系里进一步探索，勇闯旷野，那么你可以在 brenébrown.com 网站搜索到相关的子女教育和领导力方面的阅读指南。我的经验是：和我们的家人、朋友和同事一起付诸实践吧，否则你无法改变，只有实践才能让你遇见真实的旷野。

每次写书，我都为要传递某个主旨绞尽脑汁。写《不完美的礼物》时，我不得不面对自己的完美主义；写《活出感性》时，我必须直面批评和勇气；写《成长到死》时，我要质疑所有我编出来保护自己的故事；而写这本书的感觉则像在旷野里住了几个月。我不断对编辑本说，我们应该给这本书取名为“如何失去朋友并惹怒所有人”。如果你持有某种激进的观点，那么这本书里的某些内容可能会令你失望。我知道大家会有很多不同的意见和争论，我也希望我们对待彼此的时候，可以做到既激烈又友善。

我不是在呼吁停止倡导、反对或抗争——我们的世界需要我们挺身而出、坚守自己的信念。我希望我们能有礼有节，对他人尊敬有加。当我们羞辱和贬低其他人时，即使是以此作为被他人羞辱和贬损的回应，这种行为也是在伤害我们自己的初心。

过去20年里，我一直提醒读者回应勇气的召唤，其中，勇闯旷野是最难的，也可能是伤害性最大的。但是，如同玛雅·安吉罗提醒我们的，这是通往自由的唯一道路。

> 只有当你领悟到你不归属于任何地方的时候，你才是真正自由的——你属于所有的地方，而不是某个地方。（它的）代价很高，但收获巨大。

我就写到这里吧。总会有那么一瞬间，当我们在勇敢做自己时，会感到太难了、太可怕了，在我们开始怀疑自己是否能够克服所有的不确定性，走出去时，有人会对你说："不要去了，你走不出旷野的！"那一刻，你要探入你的内心，提醒自己说："我就是旷野。"

致 谢

致布琳·布朗教育研究集团（BBEARG）团队：

由衷感谢苏珊娜·巴拉尔、古琦·波克尔、朗达·迪林、奥利维亚·杜尔、劳伦·埃摩森、巴雷特·吉伦、萨拉·玛格丽特·海曼、杰西卡·肯特、查尔斯·凯利、汉娜·金布罗、布莱恩·朗格利亚、默多克·麦肯因、苏珊·曼、马修·尼克斯、茱莉亚·波拉克、塔提·瑞兹尼克、德安妮·罗杰斯、阿什利·瑞兹、特蕾莎·山波尔、萨拉禹·山卡尔、凯瑟琳·舒尔茨、安妮·斯托波尔、吉尼亚·威廉姆斯以及杰西卡·祖尼加。

致兰登书屋团队：

衷心地感谢我的“高寂”编辑——本·格里博格（墨西哥玉米卷饼我请客）。

也十分感谢兰登团队的吉娜·森特罗、安迪·沃尔德、特蕾莎·佐罗、玛利亚·布雷克尔、露西·希尔拉格、克里斯汀·米克提西恩、利·马钱特、梅丽莎·桑福德、珊俞·迪伦、杰西卡·伯内特、洛伦·诺威克以及凯利·奇安。

致威廉·莫里斯·因丹佛团队：

感谢我的经纪人珍妮弗·鲁道夫·沃尔什，以及整个威廉·莫里斯·因丹佛团队，尤其是特拉西·费歇尔和埃里克·佐恩。感谢你们与我同行。

致 DESIGNHAUS 团队：

感谢温蒂·霍瑟、杰森·考特尼、丹尼尔·斯图尔特、克里斯汀·哈利尔森、朱莉·希文思、克里斯汀·恩亚特、安尼卡·安德森以及凯尔·肯尼迪——感谢你们的创意设计。

致 NEWMAN AND NEWMAN 团队：

感谢凯利·纽曼、琳达·图巴尔、库尔特·朗、劳尔·卡萨雷斯、博迪德里克·梅斯、万·威廉姆斯、米歇尔·厄尔利、约翰·兰斯以及汤姆·弗朗西斯。

致亲朋好友：

德安妮·罗杰斯和大卫·罗宾逊，莫莉·梅和查克·布朗、雅各宾那·阿里、科基和杰克·克里希，艾希礼和阿玛雅·瑞兹，巴雷特，弗兰基和加比·吉伦，杰森和蕾拉·布朗，珍，大卫，拉尔金和皮尔斯·阿里，希夫·博哈努，尼加什·博哈努、特雷·伯恩、玛加丽塔·弗洛里斯，萨拉·玛格丽特·海曼，波利·科赫以及埃莉诺·盖尔特尼·夏普。谢谢，我爱你们！

以及，我心之所属的

斯蒂夫、艾伦和查理——你们是我的归属。同时，还有黛西、露西以及史迪奇。